女人交际心理学

夏雪 著

中国经济出版社
CHINA ECONOMIC PUBLISHING HOUSE

图书在版编目（CIP）数据

女人交际心理学 / 夏雪著 . -- 北京 : 中国经济出版社，2024. 11. --ISBN 978-7-5136-7922-0

Ⅰ. C912.15-49

中国国家版本馆 CIP 数据核字第 20248E2C59 号

责任编辑	张梦初　高　鑫
责任印制	马小宾
封面设计	仙　境

出版发行	中国经济出版社
印 刷 者	三河市宏顺兴印刷有限公司
经 销 者	各地新华书店
开　　本	880mm×1230mm　1/32
印　　张	6
字　　数	110 千字
版　　次	2024 年 11 月第 1 版
印　　次	2024 年 11 月第 1 次
定　　价	52.00 元
广告经营许可证	京西工商广字第 8179 号

中国经济出版社 网址 http://epc.sinopec.com/epc 社址 北京市东城区安定门外大街58号 邮编 100011
本版图书如存在印装质量问题，请与本社销售中心联系调换（联系电话：010-57512564）

版权所有　盗版必究（举报电话：010-57512600）
国家版权局反盗版举报中心（举报电话：12390）　　服务热线：010-57512564

前　言

　　一个人的成长、成功是在与人交往的环境中完成的，甚至一个人的喜怒哀乐也和他的人际关系息息相关。在现实生活中我们发现，有些女性很有才华和能力，长得也非常漂亮，但是事业并不尽如人意。有些女性资质平平，却有着"女子不输儿男"的成功。有人将二者的差别归结为命运，其实不然，是社交能力和智慧决定了这些女性的命运。

　　成功学大师卡耐基先生经过长期研究得出一个结论："专业知识在一个人成功中的作用只占15%，而其余的85%则取决于人际关系。"现实告诉我们，无论从事什么职业，只要学会处理人际关系，就在成功道路上走了85%的路程，在个人幸福的道路上走了99%的路程。

　　在现实生活中，一个没有建立良好人际关系的女性，即使有知识、有技能，恐怕也得不到施展才华的机会。无数的事实一再证明，拥有良好的人际关系远胜于拥有专业本领。所以，聪明的现代女性知道，从进入社会的那一刻起，要想将事业做得风生水起，或者在职场上顺风顺水，良好的人际关系是不可或缺的。

美国石油大王约翰·戴维森·洛克菲勒说:"我愿意付出比天底下得到其他本领更大的代价去获得与人相处的本领。"所以,女性朋友要时时处处注意经营自己的人际关系。

会社交就有力量,会社交就有竞争力。在知识经济时代,想要成功,就必须建立起成熟的人际关系网络。没有成熟的人际关系网络,只能是一分耕耘、一分收获,而拥有它,可能会是一分耕耘、数倍收获。一个拥有社交智慧、善于社交的女性,往往可以依靠良好的人际关系成功开创属于自己的事业,展现女性的魅力和风采。

对现代女性而言,学会社交既是一门必修课,也是获得成功的基础。所有成功的人,都视良好的人际关系为最宝贵的财富,并且予以高效地运用。对于女性来说,如何维系这种关系,如何高效运用,是决定其人生成功和幸福指数的关键。

这是一本"属于女性的、为了女性"而写的书。笔者洞悉世情,慧心指点迷津,告诉女性如何发挥自身优势、如何洞察人心、如何拓展人际关系,直至最终拥有一个和谐的人际关系,助力自己的生活和事业都跃上一个新台阶。

目 录

▶ 第一章
做好自己,用你的人品赢得尊重

与人为善才能处处结"缘"_ 003
付出友爱才能收获友情 _ 007
别让猜疑毁了你的生活 _ 010
帮助别人就是在帮助自己 _ 014
用微笑面对周围的每个人 _ 018

▶ 第二章
提升魅力形象,获得别人的好印象

与人交往,注重第一印象 _ 025
给人好感的坐姿与站姿 _ 028
女性要注意的手势礼仪 _ 032
女性不可轻视的握手礼 _ 037
女性一定要懂的接待礼仪 _ 042

第三章
高情商表达，好人缘是说出来的

话要说到人的心坎上 _ 049

女人会说，更要会听 _ 052

聪明女人不伤感情巧说"不" _ 056

批评要注意分寸和场合 _ 061

让忠告听起来更顺耳 _ 065

第四章
见微知著，从读懂对方心理开始

用立体的眼光识人 _ 071

"身体语言"隐藏的含义 _ 075

察看情绪的"晴雨表" _ 080

要学会从眼神解读心理 _ 083

言为心声，通过言语推断秉性 _ 087

第五章
主动社交，拓宽人际交往空间

结交比自己优秀的人 _ 093

主动寻找"伯乐" _ 096

要学会主动融入团队 _ 100

结交生命中的闺中密友 _ 103

准确找到交际的切入点 _ 108

▶▶ 第六章
遵守交往规则，不踩人际雷区

不做他人的"红颜知己" _ 115

女人工作中要保持理性 _ 119

如何改变不合群的状况 _ 122

会爱比爱本身更重要 _ 126

"随和"虽好但不可丢了"刚性" _ 129

▶▶ 第七章
保持交往分寸，缔结最合适关系

保鲜友谊要避免争论 _ 135

与最亲密的人也要保持距离 _ 140

建立融洽的同事关系 _ 144

赢得下属的肃然景从 _ 148

与男上司保持最佳距离 _ 152

第八章
借用榜样智慧,做不一样的女性

杰奎琳:社交力成就影响力 _ 157

特蕾莎:把爱心当作永恒的财富 _ 161

赫本:幽默,是女子最得体的外交辞令 _ 166

莉莲:要学会与不同的人交往 _ 172

撒切尔:绽放独立自主的人格魅力 _ 176

戴安娜:同情心是女人的撒手锏 _ 181

第一章

做好自己，用你的人品赢得尊重

女人的人格魅力能产生一种吸引力，会让身边的人敬佩，让自己在群体中获得景仰，让别人不由自主地喜欢你，接受你的观点和主张。因此，女人若想要有好的人际关系，就必须做好自己，与人为善，展现出自己的人格魅力。

与人为善才能处处结"缘"

美国成功学大师戴尔·卡耐基曾说:"一个人要是对别人真心感兴趣,在两个月之内,他所得到的朋友,就能比一个总要求别人对他感兴趣的人在两年内所交的朋友还要多。"

李女士是上海一家女子休闲俱乐部的总经理。作为一个年仅37岁的女性,可以说她在事业上是非常成功的,不过她常说:"我在人际交往上更成功。从某种角度来看,我的成功是人的成功而不是事的成功!"

三年前,李女士在市区租了一间教室教女性形体健身操。刚开始,学员很少。不过,从那时起她就意识到了人际关系的重要性,并开始注意培养。她刻意记住每位学员的生日、爱好、家庭情况,然后根据对方的情况来制订训练计划,尽管这样做会给自己增加很多麻烦,但是她坚持这样做。渐渐地,她的训练室越来越有名气,学员们把自己的朋友、同事都介绍过来,并给她提出各种好的建议。一年后,李女士的形体训练室变成了健身俱乐部;三年后,健身俱乐部又变成了一个集健身、娱乐、休闲于一体的综合性俱乐部。

李女士的朋友越来越多,遍布各行各业,良好的人缘成了她一笔难以估量的财富。

当你喜欢别人、主动关心别人时,别人也会喜欢你,愿意帮助你。对别人的关注越多,别人给你的回报通常也就越多。一位知名文学杂志女主编曾这样说:"如果作者不喜欢别人,别人也就不会喜欢他的作品。"女主编这句话深层次的含义是,一个作者如果不真心爱别人,他就必然会把这种情绪带到他的作品中,读者读了他的作品后就能感觉到,也就不会喜欢他的作品。所以,卡耐基总是劝说每一个想要成功的人:"要学会由内而外地微笑。"

"心理学之父"威廉·詹姆士说过:"人性最深切的秉性,是被人赏识的渴望。"所以,很多成功者都得出这样一个结论:一个想做大事的人,或者一个想做群体事业的人,或者一个想做领导的人,他最需要的才华不是他的业务能力,而是他"黏合人"的本领。美国商界年薪超过100万美元的人不算多,查尔斯·史考伯是其中之一,他这样谈过他被器重的秘诀:

"我得到这个位子,主要是因为我与人相处的本领。我认为,我能使员工鼓舞起来的能力,是我拥有的最大资产。而使员工发挥最大能力的办法,就是赞赏和鼓励他们。再也没有比上司的批评更能抹杀一个人的雄心了。我从来不批评任何人,我赞成鼓励别人工作……而讨厌挑错。

"我在世界各地见过很多大人物,不过还没发现任何人——无论他多么伟大,地位多么崇高——不是在被赞许的情况下,而是在被批评的情况下工作得更卖力、成绩更佳的。

"要想成功,你必须在肯定对方能力和品格的前提下,紧紧抓住你的合作者和你的下属,尤其是在事业最关键的时刻……"

在任何情况下,当人们对你有好感时,就会大力支持你,在你所做的一切正面工作上给你一个道德上应有的赞誉。

从另一个角度来讲,与人为善的同时,可以让自己得到更大的益处。正如人们常说的:"帮助别人往上爬的人,他一定也会爬得更高。"

美国有一个州,每年都会举办玉米种子大赛。有一个农妇的成绩相当优异,经常是首奖及优等奖的得主。她在得奖之后,总会毫不吝惜地将得奖的种子分给街坊邻居。有一位邻居很诧异地问她:"你的奖项得来不易,每季都看到你投入大量的时间和精力来做品种改良,为什么还这么慷慨地将种子送给我们呢?难道你不怕我们的玉米品种超越你的玉米品种吗?"这个农妇回答:"我将种子分给大家,帮助大家,其实也是在帮助我自己!"

原来,这个农妇所居住的镇子是典型的农村,家家户户的田地都毗邻相连。农妇将得奖的种子分送给邻居，邻居们就能改良他们玉米的品种，也可以避免在风吹花粉传播的过程中，邻近的较差品种杂交优质的品种。只有这样，这个农妇才能够专心致力于改良品种。若农妇将得奖的种子私藏，则邻居们在玉米品种的改良方面势必无法跟上，在花粉传播过程中，她会因在防范外来花粉方面大费周折而疲于奔命，这样她的品质改良势必遭遇失败。

就玉米种子大赛评比来看，这个农妇和她的邻居是处于互相竞争的态势，同时处于微妙的合作状态。事实上，在当今世界，如此既竞争又合作的关系日益增多。所谓"赠人玫瑰，手有余香"，付出总会有回报。只顾着自己不肯帮助别人的人在社会上是很难立足的，女性尤其如此。

社交箴言

生活中要尽可能地把他人放在第一位，多作换位思考，多与人为善，这样对你的事业及个人发展都会有很大的帮助。这一点，无论对男性还是女性，都是至关重要的。

付出友爱才能收获友情

对朋友付出其实是在做情感储蓄，也许你一辈子都不会动用它，但它会使你的内心感到难以言喻的快乐和满足，同时可以加深彼此的情谊。

友情的基础是互惠。不可否认的是，商人之间友情的基础，是利益上的互惠；挚友之间友情的基础，是心灵上的互惠。在现实生活中，有的人却错误地把友情建立在利益的互惠基础之上，这样的人交友时，总考虑对方能有什么利用价值，与之交往会给自己带来什么好处，当对方能满足自己的要求、为自己提供便利时，便与之形影不离，一副情深义重的样子，而一旦对方没有了利用价值，或者遇到麻烦时，便敬而远之，退避三舍，甚至落井下石。这实在是一种自以为聪明的愚蠢。

爱因斯坦说："世间最美的东西，莫过于有心地很正直的朋友。"真正的朋友把友情理解为情感的宣泄、温暖的安慰、愉悦的同享、希望的共勉、疑虑的消解和劝告的真诚。事实告诉我们，只有真正的朋友才能给予我们情感的寄托。我们对给予的结果必须负起责任,同时要尊重对方。如果我们给予的方式无意中伤害到对方的自尊心,给予就丧失了它的意义,结果也必然不愉快。比如,长辈为了晚辈好,指出晚辈的错误,但如果采取的方式不当,就会变为辱骂,这样获得的结果就容易变为敌意和反抗。朋友、同事也常因过激的言辞带来怒目相向,从而破坏了和谐的关系。

友情的给予应是不附带条件的,有条件的给予是世故的,与真正的友谊无关。为了讨好别人而露出笑容,虽然也在表达亲切,但因为缺乏真诚而显得生硬、勉强,甚至令人厌恶。同样,心中有所要求,才给予对方好处,对于真正的友谊也没有实质益处,甚至会因更多的渴求而变成贪婪的操纵。

无论给予的内容是什么,不外乎以语言、姿势、表情和行动为手段。给予的方式和态度,会影响给予的内容和品质。古人尚且不食嗟来之食,不礼貌、不尊重的赏赐,对方即使接受,也不会感激,因此一定要注意给予的态度和方式。

1. 主动提供帮助

当朋友或同事在工作和生活中遭遇困难时,不要袖手旁观,要主动上前问一声:"需要帮忙吗?"对方需要的话,要力所能及地提供帮助。有些时候,简单的一句问候,也会令对方感动和信心倍增。

2. 多赞美朋友

积极发现朋友的优点和长处,然后及时加以赞扬。赞扬的要领是心里想到时就马上说出口,也就是要及时。不必担心自己的赞扬会被朋友看成刻意讨好。当然,也没有必要强迫自己刻意赞扬朋友。需要发自内心地赞扬,这样才会显得真诚。当你学会真诚而坦率地赞扬朋友时,你和朋友之间的友情就会越来越深。

3. 满足对方的需求

在和朋友的交往中,要知道对方的真正需求是物质上的还是精神上的。这样,在适当的时候,满足对方的需求,就会真正帮到对方。"你给别人需要的,对方也会给予你所需要的。"这样,双方的友情就会由此向前一步。

社交箴言

愿意为朋友付出时间和心力的人,一定会赢得朋友的尊重和信任。因此,不要吝啬你的友爱。朋友是用"心"换来的,女性朋友要谨记这一点。

别让猜疑毁了你的生活

古代有人丢了一把斧子,怀疑是邻居偷了,于是他就留意观察,发觉邻居无论是神态还是走路、说话都像一个小偷。不久,他在自家地里找到了那把丢失的斧子,再观察邻居时,觉得他的神态、说话、走路竟全然像个君子而非小偷。这就是"疑邻盗斧"的故事。

面对同一个人,为何这位丢斧者会作出前后两种截然不同的判断?这正是猜疑的结果。不知道你是否曾有这样的体会:当几个同事聚在一起说悄悄话时,你会怀疑他们正在讲你的坏话;你告诉朋友一个秘密后,你会不停地想对方是否会讲给别人听;上司说了公司发生的不好的事,你会怀疑是不是针对自己说的;一位同事近来对你的态度有些冷淡,你会觉得他可能对你有了看法……如果你有这些情况,那么可以说你的猜疑心较重。

生活中我们常会碰到一些猜疑心很重的人,他们总觉得别人在背后说自己坏话，或给自己使坏。有时我们自己也喜欢猜疑，看到别人说笑，便以为在议论自己，而且越想越认为是真的，陷入猜疑怪圈而无法自拔。喜欢猜疑的人特别注意留心外界和别人对自己的态度，对别人脱口而出的一句话往往琢磨半天，力图发觉隐藏其中的"潜台词"，这样便不能轻松自然地与人交往，长此以往，不仅让自己的心情变得糟糕，也影响自己的人际关系。

刘丽是公司新来的员工，办公桌设在小梅对面。刘丽疑心病很重，总是怀疑别人在背后说自己的坏话，时不时就问小梅有没有听到什么人说她什么坏话。小梅回答没有，事实上也的确没有人在小梅面前说刘丽什么。可刘丽并不信，每天都要反复问小梅几遍。

小梅心里很厌烦，却又不好表露出来。有一天，刘丽突然问小梅："你是不是对我有什么看法？"小梅被问得丈二和尚摸不着头脑，愣了片刻后赶紧摇头，说："没有啊！""那你刚才为什么那么盯着我看呢？"什么时候盯着她看了呢？小梅根本毫无印象，即便真盯着看了，也肯定是无意识的。所以，小梅再三表示，自己对她没有看法。可刘丽就是不信："没有看法？那为什么我问你时你没有马上回答，而是愣了半天呢？"

小梅真是哭笑不得，只好借故走开。从此，刘丽和小梅的关系越来越疏远。有一次,刘丽问小梅:"你有没有看到我的平板电脑?"小梅回答:"我没有看到。"刘丽责问道:"我明明将它放在办公桌上,就外出办事了,回到办公室发现它不见了!它不会长了腿跑掉的。在你对面难道你能看不见?你想要看看,可以跟我说呀!"语气中带有强烈的质疑意味。

面对刘丽咄咄逼人的追问,小梅感到十分委屈,也有些生气。"你还是找找吧,说不定落在哪里了。"另一个同事建议道。结果,刘丽在自己的抽屉里找到了平板电脑。

同事们看到刘丽是一个如此多疑的人,因此,除工作之外,很少和她有私下的交往。在公司,刘丽成了"孤家寡人"。

心理学认为,"多疑"是在一种偏常认识的支配和影响下形成的性格缺陷。多疑的人常会产生缺乏事实根据、不合逻辑的、固执的想法和观念。法国作家拉罗什夫科说:"猜疑的黑云蒙蔽了我们的心灵之窗,使我们的灵魂黯淡龌龊,最终会毁掉我们本应拥有的一切人间美好的友谊。"所以,要远离猜疑,不要让它破坏原本该有的美好感情。

社交箴言

在与人交往中，对人要多些信任，少些猜疑。女性朋友要尽量开阔眼界、打开格局，与人坦诚交往，这样才能和别人融洽相处。

帮助别人就是在帮助自己

"各人自扫门前雪,莫管他人瓦上霜"被不少人当成生活的信条。显然,这种观点是不正确的。而且,"各顾各"最多只能让一个人有"小得",要想有大成,就要摒弃这种"各顾各"的狭隘意识,放大格局,懂得适时帮助他人。

《圣经》中说,"助人就是助己"。在任何一个群体中,只有自己先付出了,别人才会有所感,进而会回报你。从这个角度来说,助人就是助己。

有一个中年妇女,丈夫因病去世,自己一个人带着女儿艰难度日。她原本在一家工厂上班,几年前,市场不好,工厂倒闭,她下岗了。由于她平时待人热情,在街坊邻居中极有人缘,下岗不久,便在朋友的帮助下,在小镇的服装市场旁开了一家饭店。饭店刚开张时,生意较为冷清,全靠朋友和街坊邻居的关照。后来,由于她热情公道,饭店渐渐有了起色,生意一天天地好起来。

也许是她慈悲善良的缘故，每到中午吃饭的时间，小镇上的几个乞丐就会相继光顾这里。客人常对她说："快把他们轰走吧，他们都是好吃懒做的人，别可怜他们！"而她总是笑笑，说："你看他们风餐露宿的，挺可怜的，还是帮帮他们吧！"人们都说，这女店主太善良了，若是别的店主，一见到乞丐上门，马上就会声色俱厉地呵斥，甚至辱骂，毫不留情地赶走他们。而她每次都会微笑着给他们的饭盆里盛满热饭热菜。更让人感动的是，在这个过程中，她没有丝毫的做作之态，表情和神态十分亲切自然，就像在做一件分内的事情。

日子就这样一天一天地过着。一天深夜，服装市场里一家经营童装生意的店铺由于电线短路引发了一场大火。眨眼工夫整个市场便成了一片火海。这个好心的妇女的饭店紧邻服装市场。势单力孤的女店主眼看自己辛苦张罗起来的饭店就要被熊熊大火吞没，心急如焚，可又没有办法。这时，只见那伙天天上门乞讨的乞丐不知从哪里冒了出来，在老乞丐的率领下，他们冒着生命危险冲进店里，将值钱的东西全都搬了出来。这时，消防车赶到，大火很快被扑灭了。

饭店由于抢救及时，只遭受了一点小小的损失，而周围那些店铺，却因没有得到及时救助，被烧成了一片废墟。大火过后，人们都说是女店主平时的善良得到了回报，要是没有那些平时受她恩惠的乞丐出力，饭店恐怕也会变成一堆瓦砾。

孟子说:"爱人者,人恒爱之。"当你帮助他人时,他人会对你心存感激;当你需要帮助时,帮助你的人也就多了。你帮助的人越多,获得你帮助的人会慢慢累积成一股力量,回馈给你巨大的支撑。

世界著名汽车制造商杜兰特的总裁叫卡洛·道尼斯。他曾是杜兰特手下的小职员,当他谈起他之所以被提升为总裁时说:"当我刚到杜兰特先生的公司工作时,我就注意到,每天下班后,所有的人都回家了,但杜兰特先生仍留在办公室,一直工作到很晚。我认为应当有人留下来,给杜兰特先生提供一些工作上必要的协助,所以我也留下来了……杜兰特先生发现了我……后来他养成了让我协助他工作的习惯。这就是整个事情的过程。"

曾有人说:"一个不肯助人的人,必然会在有生之年遇到困难。"人在社会中无不与他人存在千丝万缕的联系;一言一行、一举一动,无不对他人产生或大或小的影响。一个人如果为自己的利益而不顾他人的情感,只能说明他是一个自私的人,这样的人即便再有能力,也会被人抛弃。所以,在社会中,一定要用"帮助别人"赢得良好的人际关系。我们必须认识到人与人"相互支撑"是社会生活的法则,进而懂得学会助人、乐于助人。如果你撑一把伞给我,我撑一把伞给你,我们就能共同建造一个完美而和谐的世界。

社交箴言

爱默生说:"人生最美丽的补偿之一,就是人们真诚地帮助别人之后,自己也获得了帮助。"其实很多时候帮助别人并不需要付出太多,举手之劳即可收到"两全其美"的效果,何乐而不为呢?

用微笑面对周围的每个人

英国诗人雪莱说:"微笑,实在是仁爱的象征、快乐的源泉、亲近别人的媒介。有了笑,人类的感情就沟通了。"这话一点也不夸张,微笑的确具有如此神奇的魔力!比如,当你在一些陌生场所,别人用友好的目光看着你时,你向对方报以微笑,那么双方的感情距离就拉近了,这就为以后的交往奠定了基础。

微笑又可以作为解决人际纠纷最具感化力的"武器"。假如有人正冲你大发雷霆,而你却对他欣然一笑,很多时候,会在很大程度上消除你们之间的矛盾或者误会。

另外,微笑还可以克服郁郁寡欢、空虚紧张、萎靡不振等不良情绪,进而促进个人的身心健康。因为"笑口常开"的人,往往会给自己一种心理暗示,并产生积极的反馈,使自己活得开心快乐。

瑞贝卡是一位30多岁的女性,在美国一家证券交易所就职。由于工作压力大，再加上家务负担重，瑞贝卡时常有身心疲惫的感觉，脾气也在不知不觉中变坏，她从起床到出门去上班，很少对丈夫和孩子们笑一笑，这使得她与家人的关系日趋紧张。在交易所里，她嗓门儿很大，脾气暴躁，经常和他人发生冲突。

虽然瑞贝卡也意识到这样下去不行，但她无法控制自己，"也许是长久以来紧张的工作使我养成了这种习惯，任何一件事都可能惹我生气"。后来，在丈夫的陪同下，她来到心理咨询公司寻求心理专家的帮助。心理专家向她提出，要让自己冷静、平和下来，要让脸上挂着微笑，这样才能让自己重拾快乐，也才更容易与人相处。心理专家还教她一些利用微笑的技巧，并要求她时刻记住面对别人时脸上要带有微笑。

在接下来的日子里，瑞贝卡牢记心理专家的建议，尝试用微笑来面对周围每一个人：早晨，梳头的时候，她对着镜中的自己微笑；吃早饭时，她对丈夫和孩子们微笑；出门时，微笑着对遇到的邻居说"早安"；站在交易所的柜台后面，她对认识和不认识的客户微笑；忙碌的操作间隙，她对同事微笑。刚开始，她觉得很别扭、很勉强，但她知道这样做是对的，因为她发现，周围的人对她不再像以前那样冷漠，而是热情地帮助她，她甚至听到有人私下在谈论她，说现在的她满面春风、信心十足，与以前垂头丧气、神情消极的样子大相径庭，像是变成了一个人。

"我觉得微笑每天都带给我许多财富。"这个曾经被认为脾气很坏的女人微笑着说,"我现在是一个快乐的人,一个能够感受生活美好的人。"

发自内心的微笑,能够让人有一个放松的心态和健康的身体,还能够有效地缩短人与人之间的情感距离,从而有利于形成融洽的交往氛围。难怪有许多专业推销员,每天清早洗漱时,总要花两三分钟面对镜子训练微笑,甚至将之视为每天的例行工作。

或许有的女性会说:"生活中的烦心事真是不少,不说工作的压力、岗位的竞争、职位的高低,仅家里的事,就够我们女性忙活的了,还怎么能笑得出来呢?"虽然生活中的烦心事的确很多,但女性朋友大可不必把所有的事都放在心上,不要背负自己的苦,再背上他人的苦,而要调整好自己的心态,多想想事情阳光的一面,多想点高兴的事,让自己笑起来。比如,可以多想一些诸如此类的高兴事:今天我的上司表扬了我;昨天我生日,朋友送了我一束很美的玫瑰花;这段时间,我减肥又取得了一定成效……想着这些事,你自然而然会发出会心的微笑。

但是,请注意,不是张嘴就可以露出微笑的,要想笑得自然大方、得体适度,除要注意口型外,还需注意面部其他各部位的相互配合。在微笑的时候,先要放松面部肌肉,将下巴向内自然地稍许含起,然后嘴角微微向上翘起,让嘴唇略呈弧形。最后,在不牵动鼻子、不发出笑声、不露出牙齿,尤其是不露出牙龈的前提下,轻轻一笑。微笑时,目光应当柔和发亮,双眼略微睁大;眉头自然舒展,眉心微微向上扬起。这就是人们通常所说的"眉开眼笑"。当然,刚开始时你可能会觉得这样微笑不太自然,但只要对着镜子多练习几次,你的笑容定会变得自然大方、灿烂动人!

社交箴言

如果女性朋友希望自己成为到处受欢迎的人,必须时刻牢记保持微笑,因为没有人愿意和脸上布满阴云的人来往。

第二章

提升魅力形象,获得别人的好印象

一个不讲究形象、不懂得交际礼仪的女人,不可能给他人留下良好的第一印象,而这往往会成为女性建立良好人际关系的阻碍。所以,注重建立完美的第一印象,无疑将有助于女性朋友拥有让人羡慕的好人缘。

与人交往，注重第一印象

与人交往，特别是第一次与人见面，要注重给人的第一印象。心理学中有个著名的效应叫"首因效应"。"首因效应"是指第一次与某物或某人接触时留下的印象，也叫"首次效应"或"第一印象效应"。心理学家研究发现，人们第一印象的形成是非常短暂的，往往只有几秒或几十秒，可就在这一眨眼的工夫，人们就已经对所看到的对象"盖棺论定"了。

"首因效应"提醒女性朋友：他人会根据第一次见面时你的服饰、发型、手势、声调、语言等方面审视、评判你，并由此决定你在他心中的印象。

好的第一印象，能帮助女人打开机遇的大门。

20世纪90年代初，张正清在北美某大学攻读硕士学位，还有不到一年就毕业了。随着毕业时间的临近，张正清的就业压力越来越大，因为当时正逢经济萧条时期，很难找到一份好工作。张正清一贯注重个人形象，每次在出门前,总是按照场合的不同进行精心打扮。她非常注重给人留下良好的第一印象。在一次专业学术会议中,张正清保持着一贯的典雅装扮。在会议上,她举止大方,保持微笑。在和别人交流的时候,她表情自然,热情洋溢。

张正清的表现给一位跨国公司老总留下了深刻的印象。他派人找到张正清,问她能不能在毕业后到他旗下的美国分公司工作,他会提供丰厚的待遇和广阔的升职空间。就这样,还没有毕业的张正清被一家大公司"预定"了。其中自然是张正清良好的"第一印象"起到了重大的作用。

著名心灵导师卡耐基说:"一个人的'第一印象'是非常重要的,别人对你,或者你对别人都是一样。"人们认识事物是一个由表及里、由浅入深的过程。在一个人对另一个人的一切都不了解的时候,绝大部分人会根据个人的第一感觉给予另一方以判断,这时候,第一印象就显得尤其重要。

彭芳芳曾在巴林银行工作,尽管她能力很强,但由于相关规定,她并不能在银行享受相应的薪资待遇。这让她的上司感到遗憾,他说:"我和人事部人员在招聘她的时候,她看起来像个再普通不过的女性,但进入公司后,她的专业能力超乎我们的想象。可惜的是,由于加入时公司给她定的位置太低了,我们只能在那个基础上为她加薪。"

原来，面试的时候，彭芳芳忽略了第一印象的重要性，打扮朴素，再加上准备不充分，自我展示不到位，最后虽然通过了面试，但是职位很低，这成为她日后发展的障碍。

在一定程度上，第一印象就是效率，就是效益。它比第二次、第三次的印象和日后的了解更重要。美国勃依斯公司总裁海罗德说："大部分人没有时间去了解你，所以你给他人留下的第一印象是非常重要的。只有给人留下良好的第一印象，你的第二步才富有意义。很多情况下，我们会相信第一印象基本准确无误。对于寻求商机的人，一个糟糕的第一印象，意味着失去潜在的就业机会，这种案例数不胜数。"

总之，人人都有先入为主的心态。你给他人的第一印象，将成为你们相互了解的开端。要想让他人重视你、尊重你，你就要注重提升你的形象。

社交箴言

与其让别人慢慢地修正对自己不好的印象，倒不如把自己良好的形象在第一次见面的时候就展示给对方，迈好与人相识的第一步。

给人好感的坐姿与站姿

人们常说,一个女人可以不漂亮,但不能缺少女人味。女人味是什么?女人味可以理解为一个女人除却她的外貌而让人感受到的举手投足之间散发出的一种"只可意会,不可言传"的韵味。这种韵味像一杯清香的绿茶,意味深远;又像看上去淡淡的枣花,香气暗涌又令人回味。这种女人特有的韵味,是通过她举手投足的细节传递出来的。有人做过一个有趣的实验,发现一个女人向外界传递的信息,语言成分占7%,声调、语气占38%,剩下的55%则是肢体语言。因此,女人若想让自己具有浓郁的女人味,就要好好地修炼自己的肢体语言。

张爱玲在文章中曾经写到旧时女人穿裙子要掌握的细节:"家教好的姑娘,莲步姗姗,百褶裙虽不至于纹丝不动,也只限于最轻微的摇颤。不惯穿裙的小家碧玉走起路来便予人以惊风骇浪的印象。更为苛刻的是新娘的红裙,裙腰垂下一条条半寸来宽的飘带,带端系着铃。行动时只许有一点隐约的叮当，像远山上宝塔上的风铃。"

体态能够显示人的思想和气质。抬头、挺胸、直背，会给人一种精神饱满、充满活力、自信坚定的印象；而站立不稳、弯腰驼背、斜肩等不良的体态，则会给人留下胆小、怯懦、不自然、不雅观、缺乏自信心的印象。因此，对于一个女人而言，如何通过站姿、坐姿表现出自己的优雅，是应该引起重视的。

1. 站姿

站立是人们生活、工作及交往中最基本的体态之一。正确的站姿要做到站得端正、稳重、自然。上身正直，头正目平，面带微笑，微收下颌，肩平挺胸，直腰收腹，两臂自然下垂，两腿相靠直立，两脚靠拢，脚尖呈"V"字形。女性两脚可并拢，肌肉略有收缩感。

还有一种站姿是一脚在前、一脚在后，两脚之间有点距离，重心稍靠前，身体稍微前倾，这种站姿显得精神自然、稳重潇洒，给人一种气宇轩昂的感觉。站立时，如有全身不够端正、双脚叉开过大、双脚随意乱动、无精打采、自由散漫的姿势，都会被看作不雅或失礼。会站的女人，挺拔如小白杨，清丽如出水芙蓉，有一种阴柔、端庄之美。经典影片《出水芙蓉》中，教练训练队员的站姿时，就要求对方抬头、挺胸、收腹、提臀。

在现实生活中，女性优美的站姿同样要求如此，我们在站立时，只要把握抬头、挺胸、收腹、提臀这四点，就能使自己站姿优美。切记，在一些场所，千万不要将手插入裤袋或交叉在胸前，更不能下意识地做小动作，如摆弄衣角、咬手指甲等，这样做不仅有失仪态的庄重，还会给人一种缺乏自信的印象。

2. 坐姿

优雅的坐姿传递着自信、友好、热情的信息，同时显示出高雅庄重的良好风范。在社交场合，坐姿要自然大方，既不要放任随便，也不必正襟危坐，过于拘束。可以按照座位的条件和场合的不同，采取适当的坐姿，并根据交谈的需要，转化自己的体态。

坐姿包括就座的姿势与坐定的姿势。在落座时，要注意应在站立的姿态上，后腿能够碰到椅子，如果穿的是裙子，要用手把裙子向前拢一下，然后轻轻坐下来，两个膝盖一定要并起来，腿可以放中间或放两边。假如想跷腿，两腿应是合并的，如果穿的裙子较短一定要小心盖住。需要经常走动工作或要上高台坐下的女士，都不适合穿太短的裙子。

无论哪一种坐姿，都要自然放松。在与人交往的场合，不宜仰头靠在座位背上或低着头注视地面；身体不宜前俯后仰，或歪向一侧；双手不应有多余的动作。双腿不宜敞开过大，也不要把小腿放在大腿上，更不要把两腿直伸开去，或反复不断地抖动。这些都是缺乏教养和傲慢的表现。在公共场合，我们经常会看到一些不雅的坐法，如两腿叉开，腿在地上抖个不停，或者腿跷得很高。这些不良的坐姿有失庄重。

要注意以下几个常见的不良坐姿：（1）半躺在沙发座椅上；（2）跷起二郎腿，不断抖动双腿；（3）把头仰靠在沙发背上，仰着脸同别人交谈。坐定时，上半身要挺直，两肩放松，下巴向内收，同时脖子挺直，胸部挺起，双膝并拢，双手自然地放于双膝或椅子扶手上。假如谈话时采取侧坐，上体与腿应同时转向一侧，双膝靠拢，脚跟靠紧。假如不是十分严肃的场合，也可以将一条腿跷起来，交叉叠放在另一条腿上，俗称"跷二郎腿"。"跷二郎腿"正确的方法是，将左脚微向右倾，右大腿放在左大腿上，脚尖朝向地面。切忌脚尖朝天。坐着的时候要安静，不可把座椅弄得吱吱乱响。不要心神不定，如坐针毡，一会儿向东看，一会儿向西瞧，或是在椅子上前俯后仰，把腿架在椅子上或沙发扶手上，这些都是极不雅观的动作。

　　良好的体态对每个人来说都是很重要的。在社交活动中，保持良好的体态，做到站姿、坐姿自然优美，不但能展示出良好的精神面貌和个人风范，还能使个人的谈吐充满自信和动人的魅力。因此，不管你的身材怎样，保持良好的体态，会使你看上去更自信、更有气质和风度，会给人留下仪表不凡、落落大方的印象，从而使他人更加愿意和你交往。

社交箴言

　　今天，女性虽不至于像旧时女性那样小心翼翼地生活，但要想在社交场合姿态美妙、风雅大方，有必要掌握良好的行为姿势，努力给他人留下良好的印象。

女性要注意的手势礼仪

手势礼仪既是人肢体语言重要的组成部分,也是人们交往中不可或缺的沟通工具。女性在社交场合中,一定要注意恰当地运用手势,避免给人留下装腔作势、缺乏涵养的印象,同时为女性魅力锦上添花。古罗马政治家西塞马说:"一切心理活动都伴有指手画脚等动作。手势恰如人体的一种语言,这种语言甚至连野蛮人都能理解。"法国大画家德拉克洛瓦则指出:"手应当像脸一样富有表情。"他们的话从不同侧面指出了手势的重要性。因此,女性在人际交往中,一定要注意恰当地运用手势。

1. 正确运用最基本的手势

学习手姿,最重要的是要正确掌握和运用下述基本手势。

垂放:一是双手自然下垂,掌心向内,叠放或相握于腹前;二是双手伸直下垂,掌心向内,分别贴放于大腿两侧。多用于站立之时。

背手:多用于站立、行走时,既可显示权威,又可增强自信。其做法是双臂伸到身后，双手相握，同时昂首挺胸。

持物：用手拿东西。其做法多样，既可用一只手，又可用双手。拿东西时应动作自然，五指并拢，用力均匀。无名指与小指不要跷起，显得忸怩作态。

鼓掌：用以表示欢迎、祝贺、支持的一种手姿。正确做法是右手掌心向下，有节奏地拍击掌心向上的左掌。注意，不应以此表示反对、拒绝、讽刺、驱赶之意，即不允许"鼓倒掌"。

夸奖：主要用以表扬他人，正确做法是伸出右手，跷起大拇指，指尖向上，指腹向着被称道者。不应将右手拇指竖起，反向指其他人，因为这意味着自大或貌视。

指示：用以引导来宾，指示方向的手势。正确做法是右手或左手抬至一定高度，五指并拢，掌心向上，以肘部为轴，朝一定方向伸出手臂。不宜直接伸出食指，用一个指头进行指示，这样显得不礼貌，可能会引起对方的反感。此外，一些人习惯用手中正在使用的物品，如笔指点对方或做示意，这也不符合礼仪规范。

2. 要注意手势的区域性差异

不同国家和地区，不同民族，由于文化习俗的不同，手势的含义也有诸多差别，甚至同一手势表达的含义也不尽相同。所以，在运用手势时要注意区域性差异。

跷大拇指：跷大拇指是中国人最常用的手势，表示夸奖和赞许；在日本，这一手势表示"男人""您的父亲"；在墨西哥、荷兰、斯里兰卡等国家，这一手势表示祈祷幸运；在美国、印度、法国,是拦路要求搭车的意思;在希腊,这一手势表示让对方"滚蛋",是对人极大的不敬。

"V"形手势:这种手势是"二战"时英国首相丘吉尔首先使用的,表示"胜利"。不过,做这一手势时务必记住把手心朝外、手背朝内,在英国尤其要注意这一点,因为在欧洲许多国家,做手背朝外、手心朝内的"V"形手势是表示让人"走开",在英国则指伤风败俗的事;在希腊,一般"V"形手势代表视对方为恶魔、邪恶之人;在中国,"V"形手势表示数目"2"、"第二"或"剪刀";在非洲国家,"V"形手势一般表示两件事或两个东西。

OK手势:这种手势源于美国,表示"同意""顺利""很好";在法国表示"零"或"毫无价值";在日本表示"线";在泰国表示"没问题";在巴西表示粗俗下流;在中东以及非洲地区,这种手势则象征孔或洞。

向上伸小指:在中国,这一手势表示"小""微不足道""最差""最末名""倒数第一",并且引申表示"轻蔑";在日本,这一手势表示"女人""女孩""恋人";在韩国,表示"妻""女朋友";在菲律宾,表示"小个子""年少者""无足轻重之人";在美国,表示"懦弱的男人"或"打赌";尼日利亚人伸出小手指,含"打赌"之意;在泰国和沙特阿拉伯,向对方伸出小手指,表示彼此是"朋友",或者表示愿意"交朋友";在缅甸和印度,这一手势表示"想去厕所"。

搓手:在欧美国家,摩搓双掌,表示"完成了所做的事";

在非洲，人们常用"搓手"这一手势来表明自己与某件事毫不相干、没有关联。其具体搓法是先用左手手心搓右手手背，从手腕一直搓到手指尖。

招手：掌心向下的招手动作，在中国表示招呼别人过来，而在英美等国则是用来招呼动物。

3. 避免使用不良手势

在社交场合，要避免使用以下几种不良手势。

不卫生的手势：在他人面前搔头皮、掏耳朵、抠眼屎、抠鼻孔、剔牙齿、抓痒痒、摸脚丫等手势。

不稳重的手姿：在大庭广众之下，双手乱动、乱摸、乱举、乱扶、乱放，或是咬指尖、折衣角、抬胳膊、抱大腿、拢脑袋等手姿，会给人一种不稳重的印象，因此应当避免。

失敬于人的手姿：掌心向下挥动手臂，勾动食指或除拇指外的其他四指招呼别人，用手指点他人，都是失敬于人的手姿。其中，指点他人，即伸出一只手臂，食指指向他人，其余四指握拢这一手势，因有指斥、教训之意，尤为失礼，应当避免。

动作过多、过大的手势：在社交场合，手势动作幅度不宜过大，次数不宜过多，不宜重复，否则会给人留下装腔作势、缺乏涵养的印象。一般情况下，手势的上界不应超过对方的视线，下界不低于自己的胸区，左右摆的范围不要太大，应在人的胸前或右方进行。

社交箴言

手势礼仪是人肢体语言重要的组成部分,是人们交往中不可或缺的沟通工具。因此,在人际交往中,一定要注意恰当地运用手势,女性朋友更要注意。

女性不可轻视的握手礼

握手，虽然看似简单，但握手时力度的大小、时间的长短以及身体的姿势等，都直接表现出握手双方的关系远近、情感厚薄、个人文化修养乃至待人接物的基本态度与方式等。

对女性来说，既然握手具有如此大的作用，就应当灵活掌握与运用握手的礼仪，恰当得体地展示自己礼貌待人的良好修养。著名盲聋女作家海伦·凯勒曾说："我接触过的手，虽然无言，却极有表现性。有的人握手能拒人千里……我握着冷冰冰的手指，就像和凛冽的北风握手一样。而有些人的手却给人不一样的感觉，他们握住你的手，使你感到温暖……"

我们应当本着"礼貌待人，自然得体"的原则，灵活掌握与运用握手的礼仪，恰当得体地显示自己的修养。

1. 握手的时机

一般情况下，在被介绍与人相识时；与友人久别重逢时；在公共场合突遇熟人时；自己作为东道主迎送客人时；感谢他人的支持、鼓励或帮助时；向别人表示祝贺、肯定、鼓励或支持时；劝慰亲属与朋友、同学时；向他人或他人向自己赠送礼品或颁发奖品时等，都是应该握手的时机，不应疏忽。

而在下述时机，则不宜同交际对象握手为礼：对方手部有伤时；对方手里拿着较重的东西时；对方忙着别的事，如打电话、用餐、主持会议、与他人交谈时；对方与自己距离较远时；所处环境不适合握手时；等等。

2. 握手的次序

握手前要知道应当由谁先伸出手，也就是说，要了解伸手的先后次序。长辈与晚辈握手，应由长辈先伸出手，晚辈才能伸手相握；上下级之间握手，上级伸手后，下级才能接握；已婚者与未婚者握手，应由已婚者首先伸出手；男女之间握手，女方伸手后，男方才能伸手相握，若男方为长辈，则应该先伸手。在接待来访者时，这一问题变得特殊一些：当客人抵达时，应由主人首先伸出手来与客人相握，表示欢迎；在客人告辞时，应由客人先伸出手来与主人相握，表示感谢招待，并请主人留步。如果这一次序颠倒，便有逐客之嫌。

在多人同时握手时，其礼仪顺序是先尊后卑，依次进行，即先长辈后晚辈，先上级后下级，先已婚者后未婚者，先女士后男士。切忌交叉握手，通常情况下，交叉握手被视为一种失礼行为。如果在丹麦人面前交叉握手，则会被看作最无礼也最不吉利的事情。当自己伸手时发现别人已与他人握手，应主动收回，并说声"对不起"，待别人握完后再伸手相握。在人数较多的聚会或社交场合，可只与主人、熟人和相近的几个人握手,向其他人点头致意,或微微鞠躬即可。

需要注意的是,握手时的先后次序不必处处苛求于人。如果自己是尊者或长者,而位卑者或年轻者先伸手时,最得体的就是立即伸手,进行配合,而不要置之不理。有时当你主动伸出手时,对方却没有注意到,此时最好的办法是自然微笑地收回自己的手,不必在意,任何人都会碰到这种情况。

3. 握手的动作要领

向他人行握手礼时,应起身站立,上身微微前倾,右手略向前下方伸出,拇指张开,其余四指自然并拢并微微内曲,以手掌和手指与对方的手握合,同时应面带笑容,注视对方双眼,口头问候道:"您好!""见到您很高兴!""欢迎您!""恭喜您!""辛苦啦!"等等。握手时,握手双方之间的最佳距离为1米左右。若距离过大,有冷落对方的嫌疑;若距离过小,握手时手臂难以伸直,也不雅观。与他人握手的时间不宜过短或过长,一般以三五秒钟为好。握手时两手一碰就分开,时间过短,好似在走过场,表达不出应有的情感,有敷衍之嫌,又像是对对方怀有戒意。时间过长,尤其是拉住异性或初次见面者的手长久不放,显得有些虚情假意,甚至会被怀疑"想占便宜"。

握手的力度也要适中。握得过轻,仅漫不经心地用手指尖"蜻蜓点水"式去握一下是无礼的,显得妄自尊大和敷衍了事。握得过重,又显得过分热情,也是不适宜的。当与异性以及初次相识者握手时,千万不可用力过猛,只需轻轻握一下对方的四指即可。

4. 握手的禁忌

在行握手礼时除要做到动作合乎规范外，还要注意避免发生下述失礼的事项。握手时不要争先恐后，抢先伸手，而应当遵守秩序，依次而行。不要坐着与人握手，除非生病或特殊场合，但也要欠身握手，以示敬意。不要用左手与他人握手，尤其是在与阿拉伯人、印度人握手时更要牢记这一点。因为在他们看来左手是不洁净的。在与基督教徒握手时，不要与另外两人相握的手形成交叉状，这种形状类似十字架，在他们眼里是很不吉利的。不要用脏手、湿手和凉手去和他人握手，避免给对方造成不快。不要拒绝和别人握手，即使有手疾或汗湿、弄脏了，也要和对方说"对不起，我的手现在不方便"，以免造成误会。

右手与人相握时，左手不要拿着报纸、公文包等东西不放，也不要插在衣服口袋里，而应当空着，并贴大腿外侧下垂，以示用心专一。如果别人要和你握手，而你正在吸烟，应该把烟放下，再伸手相握。不要戴着手套与人握手，即使手套十分洁净也不适宜。这是因为"十指连心"，人们之所以在相见时握手，是让双手相握触摸时传达自己的内心情感。戴着手套就意味着不愿意与对方进行情感交流，既然如此，也就没有握手的必要了。不要在握手时戴着墨镜，患有眼疾或眼部有缺陷者例外。不要在握手时仅握住对方的手指尖，也不要只递给对方一截冷冰冰的手指尖，好像有意与对方保持距离。不要在握手时把对方的手拉过来、推过去，或者上下左右抖个没完。不要在握手时面无表情，好像根本无视对方的存在，而纯粹是为了应付。不要在握手时长篇大论，点头哈腰，滥用热情，显得过分客套。过分客套不会令对方受宠若惊，只会让对方不自在、不舒服。不要在与人握手之后，立即擦拭自己的手掌，好像与对方握一下手就会使自己受到"污染"似的。

社交箴言

　　女人应当灵活地掌握与运用握手礼仪，恰当得体地展示自己礼貌待人的良好修养。

女性一定要懂的接待礼仪

接待来访是很多女性的一项日常工作。在接待中的礼仪表现，不仅关系到自己的形象，还关系到所在单位的形象。所以，身为一名职业女性，在接待来访时一定要有"我代表企业形象"的意识，尽力遵守接待礼仪，这样才能给访客留下良好的第一印象，为企业赢得声誉。所以，作为一名职业女性，非常有必要掌握接待来访的礼仪。

1. 主动打招呼

有访客来时，最好暂时放下手头的工作，站起来微笑着打招呼："您好！请问有什么事情吗？"当访客走近时，你还在打字或整理文件没有做出反应，访客会觉得你漠视他。如果当时你正在接电话，可用另一只手按一下话筒，对访客点一下头，说："您好！请坐！"再继续打电话，打完后再进一步接待。如果当时正在办急事，可先起身招呼："您好！对不起，请先坐下。"办完手上的急事后再接着接待，要尽量抓紧时间少让访客等候。当事情办完后，应该向访客解释说："对不起，让您久等了。"

2. 问清来访目的

打过招呼后，要问清访客的姓名、身份以及来访目的，如："对不起，请问您是哪一位？""您好！请问有什么事儿吗？"如果访客拒绝说出来访目的，而上司对此有明确要求，应该坚定地说："很抱歉！恐怕我不得不先告诉上司您要谈的事情，然后我才方便安排您和他的会谈。"或者说："对不起，您什么都不说，我如何向我的上司禀报呢？"如果访客仍不愿告诉原因，只说其中有隐情，则可以微笑着建议："如果您不愿现在说出来访原因，我可以理解。您可以联系我上司，说说您想见他的理由，我相信他会很高兴与您会面的。"

3. 应付不速之客

上司没时间接见所有想和他见面的人，甚至没时间接见他想见的人。因此，如果有不速之客前来拜访，可先向访客进行简短说明，然后请他们留下名片，并告诉他们你将把他们的资料放在公司档案里，如果有需要将会和他们联络，这样做不仅能为上司减少不必要的"麻烦"，同时你有礼的形象也会为公司赢得好的声誉。如果访客谈兴甚浓，或"赖"着不走，而你又没有太多空闲时间，可以委婉地告诉他："真抱歉！我手头还有些事需要马上处理，我们改天再聊吧！""很对不起！我需要马上做一些其他的工作，您不会介意吧？""对不起！我要参加一个会，今天先谈到这儿，好吗？"等等。此外，也可用起身的体态语言告诉来访者应结束交谈。

4. 接待有约的访客

如果访客是如约来访,你也不能直接回答他上司在不在,而应该让他坐下稍候,然后去向上司通报。注意,如果是通过内线电话向上司通报,无论接听电话的是什么人,都要说:"某某办公室吗?"不要直呼"某某您好",并说明有客人来访,这样做可以给上司留下选择的余地。如上司由于种种原因不能马上接见,要向访客说明等待理由与等待时间。若访客愿意等待,可以向对方提供一些饮料、书报以排遣时间,切忌让访客坐冷板凳;若访客需要改日再来,则应主动征求访客方便的时间,最好多问几个时间,给上司留下更多的选择时间,然后真诚地致歉:"经理正在开会,无法与您见面,他让我向您致歉。""让您白跑一趟,真是不好意思!能否由我转达留言?"如上司要求马上接见,应礼貌地对访客说:"我们经理在等您,请随我来。"然后将访客引领到会客厅或上司的办公室,而应避免用"跟我来"这样的命令式口气。

在引领访客到达会客厅或上司的办公室时,应该有正确的引领方法和引领姿势。在走廊的引领方法:接待人员在访客两三步之前,配合步调,让访客走在内侧。在楼梯的引领方法:当引导访客上楼时,应该让访客走在前面,接待人员走在后面;若是下楼,应由接待人员走在前面,访客在后面。上下楼梯时,接待人员应该注意访客的安全。在电梯的引领方法:引导访客乘坐电梯时,接待人员要先进入电梯,等访客进入后关闭电梯门,到达时,让访客先走出电梯。客厅里的引领方法:

当访客走入客厅，接待人员用手指示，请访客坐下，看到访客坐下后，才能行点头礼后离开。一般靠近门的一方为下座，如访客错坐下座，应请访客改坐上座。

5. 谦恭有礼地送客

洽谈结束后，接待人员要谦恭有礼地将访客送出大门，尤其是在内部空间复杂的办公室里。若是将访客送到电梯口，接待人员在电梯门关上之前，都要对访客注目相送，等电梯即将关上的一刹那挥手示意或做最后一次的鞠躬礼，并说声"谢谢，欢迎再次光临！再见！"若是将访客送到公司大门口，要等到访客即将离开时做最后一次鞠躬，同时说声"谢谢，欢迎再次光临"，并目送访客的身影，直至消失不见才可返回自己的工作岗位。若是将访客一直送到他的车旁，不要忘了在访客关车门的一刹那做最后一次鞠躬并说"谢谢，请注意行车安全"，然后目送其离开，直至看不见车影才可离开。

社交箴言

接待来访是很多企业员工一项经常性的工作。在接待中的礼仪表现，不仅关系到自己的形象，还关系到企业的形象，因此一定要多多注意礼仪规范的运用。

第三章

高情商表达，好人缘是说出来的

在人与人的交往过程中，使用恰到好处的语言可以迅速缩短双方的感情距离，形成良好的交际氛围，获得一个好的印象，使双方的关系融洽。所以，女性朋友一定要练好自己的口才，用好的口才赢得好的人际关系。

话要说到人的心坎上

俗话说："人心都是肉长的。"只要是人，都是可以被感动的，只要你能把话说到他的心坎上。在历史上有这样一位女性，她曾以她非凡的口才和感召力，改写了近代欧洲的历史。她就是拿破仑的初恋情人欧仁尼·克莱雷。

1815年6月18日，拿破仑兵败滑铁卢之后，反法联军对法国临时政府发出了最后通牒："停止抵抗，拿破仑离开法国，否则将血洗巴黎。"法国临时政府同意了这一要求，但一代枭雄拿破仑决心孤注一掷，再次与反法联军决一死战。巴黎处在危急之中，有人突然想起了欧仁尼·克莱雷，认为让她出面说服拿破仑也许能挽救这场危机。

当年由于政治的需要，拿破仑放弃了纯真的爱情，与有政治背景的约瑟芬结为夫妻，这使年轻的欧仁尼·克莱雷痛不欲生。正当她想要跳进塞纳河自尽之时，拿破仑手下的大元帅贝纳多救了她，并与她结了婚。

实际上，拿破仑对欧仁尼·克莱雷一直怀有深深的爱恋之情。因此当欧仁尼·克莱雷出现在拿破仑面前时,人事沧桑、今非昔比的感慨深深刺痛了拿破仑高傲自负的心。欧仁尼·克莱雷看着怆然的拿破仑,没有用激烈的言辞去刺痛他,而是与他一起回忆当年充满温情的甜蜜岁月,终于使拿破仑早已泯灭的热爱和平的愿望重现,而一切不合实际的狂热妄想在欧仁尼·克莱雷的宽容大度面前彻底地冷却下来!拿破仑拔出了在滑铁卢战役中使用的战剑,交给欧仁尼·克莱雷,表示自己愿意听她的话。

像拿破仑这种叱咤风云的人物,都会被说在心坎上的话降服,更何况其他人呢?在交际中,把话说到对方心里,触发对方的恻隐之心,女性是有性别优势的,她们所费的工夫和付出的代价要比男性小得多。

在美国经济大萧条时期,有一位17岁的姑娘好不容易才找到一份在高级珠宝店当售货员的工作。在圣诞节的前一天,店里来了一位30岁左右的贫民顾客,他衣衫褴褛,一脸的悲哀。他用一种不可捉摸的目光,盯着那些高级首饰。姑娘急着去接电话,一不小心把一个碟子碰翻,里面摆放的6枚精美绝伦的金戒指滚落到地上,她慌忙捡起其中的5枚,但第六枚怎么也找不着。这时,她看到那个30岁左右的男子正向门口走去,顿时,她醒悟到戒指在哪儿了。当男子的手将要触及门柄时,姑娘柔声叫道:"对不起,先生!"那男子转过身来,两人相视无言足足有一分钟。

"什么事?"他问,脸上的肌肉在抽搐。姑娘没有说话。"什么事?"他再次问道。"先生,这是我的第一份工作,现在找个事儿做很难,是不是?"姑娘神色黯然地说。

男子长久地审视着她,终于,一丝柔和的微笑浮现在脸上。"是的,的确如此。"他回答,"但是我能肯定,你在这里会干得不错。"停了一下,他向前一步,把手伸给她:"我可以为您祝福吗?"姑娘也伸出手。之后,男子转过身,慢慢地走向门口。姑娘目送着他的身影消失在门外,然后转身走向柜台,把手中握着的第六枚戒指放回了原处。

这位姑娘之所以能成功地要回男子拾去的第六枚戒指,关键是她以"同是天涯沦落人"的凄苦言语博得了对方真切的同情。"这是我的第一份工作,现在找个事儿做很难。"这句真诚朴实的表白,饱含着惧怕失去工作的痛苦之情,也饱含恳请对方怜悯的求助之意,终于感动了对方,对方也巧妙地交还了戒指。试想,如果呵斥怒骂,甚至叫来警察,也可能会找回戒指,但姑娘的"饭碗"保得住吗?

社交箴言

说话的时候,要尽量说到对方的心坎上,力求在对方的心里激起波澜,以打动对方,达成目的。

女人会说，更要会听

在与人交谈中，有些女性总喜欢将自己放在主要位置，自始至终喋喋不休地推销自己，滔滔不绝地诉说自己的故事，好像他人都不存在，殊不知，这样不但不能表现自己的交际口才，反而令人生厌。

小吴曾与一广告公司女性总经理洽谈业务。这位女总经理长得挺漂亮，为人也热情，所以小吴对她的第一印象很好。可是，等到了中午，两人来到餐厅会餐时，这位女总经理把话匣子一打开，就滔滔不绝，如黄河决堤，一发不可收拾。小吴亦是业务口才高手，想插几句话，却始终没有机会。这位女总经理兴致高昂地讲述她所在公司的业务开展得如何蓬勃，自己的业绩如何优秀。小吴无聊地玩弄着吸管，心中觉得十分无趣。大约半小时后，小吴终于鼓起勇气对这位女总经理说："对不起，我还有事，先走了！"

苏格拉底曾说,自然赋予我们人类一张嘴、两只耳朵,也就是让我们多听少说。在与人交谈时,不能永远自以为是地"听我讲",而要经常地"听人说",这样才能准确理解对方的意思,使对方有被重视的感觉,对方才会乐于和你继续谈下去。如果只以自己为中心,唱"独角戏",不顾及对方的反应,只会令人生厌。当然,倾听并不是只用耳朵被动地听别人所说的话,要想取得良好的倾听效果,还需要遵循一定的倾听技巧。

1. 创造有利于倾听的环境

外界的干扰会扰乱听觉,所以交谈应尽量排除外界的干扰,以创造一个有利于倾听的环境。因此,当和别人交谈时,不要只是调低电视的音量,而应该关掉它。同时,清理一下桌子上杂乱的东西,便于集中精力倾听对方所说的话。此外,当你和人交谈时,最好能把手机调成震动或关掉,尽量不要在交谈中接电话。如果真的没有时间,或由于别的原因而无法进行谈话,最好客气地提出来:"对不起,我很想听您说,但今天还有一件事要做。"礼貌地提出来,比勉强听或者开小差好一些。

2. 采用不同的倾听方式

在听别人说话时,应注意根据对方身份、地位的不同,采用不同的倾听方式。如果对方的地位比你低,要注意倾听时表现出诚意,让对方感觉到你愿意听他说话。即使对方是向你发牢骚、抱怨,态度还很不友善,也不要因此而冷落对方,更不要出口责备,而应该通过倾听了解对方的真实想法,然后想办法排解对方的牢骚、抱怨。这样对方会认为你是真正了解、关心他的人,是值得信赖的,于是也就会对你更加信任和尊敬。如果对方的地位比你高,不仅要认真倾听,必要的时候还要做笔录摘要,这样做会让对方感受到你的重视。

3. 不要随便插话打岔

有些人往往因为疑惑对方所讲的内容,只听到一半或只听一句就脱口而出:"这话我听着怎么感觉不对呢?"或因不满意对方的意见而提出自己的见解,甚至当对方话语稍有停顿时抢着说:"你要说的是不是这样……"这时,你的插话很可能打断了对方的思路,让他忘记了后面想说的话,从而让对方反感。

听人讲话应该尽量在对方把话说完之后再说自己的看法和意见。即使真的没听懂,或听漏了一两句,或不赞成对方的观点,也要等到对方把话说完再提出意见或建议。

4. 适时给予对方反馈

倾听不仅要用心听,还应该用自己的身体语言、简单的话语,适时地给对方以反馈,这样才可以使对方有一种被重视的感觉,使谈话场面热烈,气氛和谐。比如,在对方话语的不紧要处说一些很短的话语,如"真的吗?""太好了!""后来呢?""请继续说!"等,以表示自己在认真地倾听,或点头、微笑,表示赞同和鼓励。这一点很重要。别人说了一大通以后，如果得不到有效的反馈，尽管你在认真倾听，对方也会认为你心不在焉。由此，能说会道固然重要，但善于倾听更为重要。

社交箴言

女性能说会道固然重要，但善于倾听更为重要。因为交谈不是演讲，不是个人表演的"独角戏"，而是一种有来有往、相互交流感情的双边或多边活动。

聪明女人不伤感情巧说"不"

"没办法呀,既然别人开了口,我怎么好意思拒绝呢?"
"拒绝?会得罪人的,有求必应能挣得一个好人缘。"
……

在生活中,不好意思拒绝他人的大有人在,特别是女性为了赢得好人缘,或是碍于面子不好意思说"不",就对他人的请求百般迁就,甚至有求必应,结果不仅让自己陷入百事缠身的窘境,还给人留下"喜欢讨好别人"的不良印象,最后弄巧成拙,费力不讨好。英国作家毛姆在自己的小说《啼笑皆非》中写了这样一个耐人寻味的故事——

一位小人物一举成为名作家后,新朋老友纷纷向其道贺,成名前的门可罗雀与成名后的门庭若市形成了鲜明的对比。就连一位早已疏远的老朋友也找上门来,向他道贺。怎么办呢?是接待还是不接待?按照本意,实在无心见对方,因为一来无共同语言,二来浪费时间。可是对方好心好意来探望，闭门不见似乎说不过去。只好相见。见面后，那位朋友一再邀请他改日到自己家做客。尽管他内心一百个不乐意，但盛情难却，不得不佯装愉悦地应允了。

在朋友家的饭桌上，尽管他没有叙旧之心，可是又怕冷场，于是又得强迫自己无话找话。这种窘迫可想而知……来而不往非礼也，虽然他很不愿意再同这位朋友打交道，但他还是不得不提出要回请朋友一顿。然后他又开始苦心盘算：请这位朋友到哪家酒店合适呢？去一流的大酒店吧，担心朋友疑心自己摆阔；找个二流酒店吧，又担心朋友会觉得他吝啬……

也许文学艺术有所夸张，但在现实生活中确有不少女性不善于拒绝别人，担心会得罪人，于是便经常违心答应别人的要求。不可否认的是，与人交往和帮助别人是重要的，但是，如果碍于情面，对一切都点头答应，那样会让自己活得很累，而且并不见得一定会获得好的结果。由于你的委曲求全，别人可能会提出更多进一步的要求，其中有些要求是不合情理的，甚至是强人所难的。例如，一个品行不端的朋友向你借钱，你明知道借钱给对方有去无回；一个相熟的商人向你推销物品，你明知买下就要亏本；一个关系不错的同事让你在半天内帮忙做出一份提案，你明知自己不可能完成……面对诸如此类的事，如果你因不好意思说"不"，轻易承诺，不仅会给自己带来困扰，更有可能因没做到而有损自身的诚信形象，这岂不是得不偿失？著名喜剧家卓别林曾说："学会说'不'吧！你的生活将会由此变得美好。"因此，大可不必勉为其难地去做有求必应的"老好人"，应该学会勇敢地说"不"！

当然，不讲方法的拒绝容易伤害双方的感情，所以，说"不"要有技巧。只要能够运用好说"不"的技巧，就能达到既拒绝了对方的请求，又能使对方欣然接受的目的。

1. 先倾听，再说"不"

人都是有自尊心的，一个人有求于别人的时候，往往怀着惴惴不安的心理，如果一开始就遭到语气强硬的拒绝，自尊心势必会受到伤害，甚至会由此怨恨对方。因此，在决定拒绝之前，应该耐心地把别人的要求从始至终认真地听一遍，然后清楚地界定对方的要求是不是自己所能提供帮助的，如果无法提供帮助，要表示抱歉，并说明理由。如此一来，即使对方遭到拒绝，也多半会理解的。

2. 降低对方对你的期望

但凡来求你办事的人，多半相信你能解决这个问题，都对你抱有很高的期望。一般来说，对你抱的期望越高，遭到拒绝时越是失望。因此，在和对方交流沟通时，如果多讲自己的长处，过分夸耀自己，就会在无意中抬高对方对你的期望。如果适当地讲一讲自己的短处，就会降低对方对你的期望。在此基础上，再对对方的请求予以拒绝，就不会让对方太失望。

3. 婉转地说明拒绝的理由

在向别人说"不"时,应该婉转地说明拒绝的理由,让对方相信你的拒绝确实是出于无奈,因而是可以理解的。如果不说明理由,生硬地拒绝,对方则会产生不满,甚至记恨你、仇视你。例如,当上司要求你在一个不合理的期限内完成工作时,如果直接以"我能力不够"或"我真的忙不过来"为由拒绝对方,会让人觉得"你是一个袖手旁观、冷漠无情的人",从而影响你们以后的合作与相处。如果你能换一种婉转的方式告诉他:"你交代的事我不会马马虎虎、敷衍了事,但这样仓促,恐怕我无法完成符合你期望的产品。"

4. 提出"补偿"性措施

当别人求你为其解决困难,而你又无能为力时,不妨采取一点"补偿"性措施,如主动为对方指出其他可行的解决办法,或推荐一个目前有能力解决这类问题的人等。这样既可以使对方获得心理补偿,减少因遭拒绝而产生的不满、失望,又可以让对方感觉到你的真诚和善意。比如,老同学想进入你所在的公司工作,于是便找你"走后门"。你知道自己帮不上忙,但是也不宜直接拒绝,于是可以这样说:"真是不巧,我们公司最近没有招聘人的计划,不过你别担心,我认识一个朋友,他那里似乎在招人。"然后,你再把朋友的联系方式抄一份交给老同学。虽然没有办成事,但相信这位老同学还是会很感谢你的。

5. 请第三者转告

当别人有求于你,而你又不好当面拒绝,或自己亲口说不合适时,就可以利用第三者作为"中介",巧妙地转达你自己难以拒绝的事情。

比如,好友邀请你去参加他的生日宴会,你原本已经答应了,可是在宴会上偏巧有一个你非常不想见到的人,你想拒绝参加宴会,又担心好友会不高兴,那你就可以找一个你们共同的朋友,带上你要送给朋友的生日礼物,向好友表示你无法参加宴会的歉意。

虽然拒绝别人很容易使对方耿耿于怀,甚至伤害到双方的感情,但如果你在拒绝别人时,能注意态度的诚恳、话语的婉转和说"不"的技巧,就可以避免这些情况的发生,轻松达到既拒绝了对方的请求,又能使对方欣然接受的目的,丝毫不损双方的情谊和你的好人缘。

社交箴言

拒绝是讲究技巧的,如果不顾情面、不分场合直接拒绝,再好的朋友也会分道扬镳。所以,女性在人际交往时一定要掌握拒绝的技巧,并努力利用好这些技巧。

批评要注意分寸和场合

人生在世，孰能无过？当别人出了错，需要你提出批评、给予指正时，你就需要把握批评的分寸：既要指出对方的错误，又要保留对方的面子。这样，对方才能心悦诚服地接受批评，改正错误。如果你不注意把握批评的分寸，不仅达不到批评的目的，还会让对方觉得丢了脸面，自尊心受到伤害，即使对方知道自己有错误，也会强词夺理，或者拂袖而去，不欢而散。

有一次，林茜应邀参加某公司举办的商务宴会。在宴会上，她遇到了这样一件事情：那个公司的一个高级职员穿了一件不太得体的晚礼服，公司分部经理看到后马上走到那个职员面前说道："你怎么穿这样的衣服参加宴会？"经理的声音不大，但还是有人能听到。"对不起……之前准备好的衣服不小心刷坏了，所以就……""那也不能穿这样的衣服就来吧？公司的形象都让你毁了，你到底是怎么想的……"

面对咄咄逼人的经理,那个职员的脸色越来越难看。"不要再解释了,马上去给我换一件,不要再在这里丢人了。"被说得无地自容的职员只好狼狈地离开了会场。

目睹这一切,在场的人都觉得这个经理做得过分了。林茜也在心里想:这个经理应该不会在现在的位置上待太久了。果然,几个月后,这个经理被总部调到了外地的分公司,给出的理由是无法和下属很好地相处。

每个人都是有自尊心的,批评人时一定要顾及对方的自尊心,注意分寸和场合是否适宜。若不讲分寸,不分场合,随意发威,不仅会使受批评者颜面尽失,不利于问题的解决,而且会显得批评者盛气凌人,毫无宽容之心。

1. 讲究场合

心理学家研究表明,谁都不愿把自己的错误或隐私在公众面前曝光,一旦被人曝光,就会感到难堪或恼怒。的确,当有外人在场的时候,即使最温和的批评方式,也可能会引起被批评者的不满,认为没有给他面子,让他颜面尽失。所以,要批评一个人时,最好避免在公共场合进行,尽量选择单独会谈的方式。特别要注意切勿随便当着对方下级或客人的面批评他,否则,对方会认为你是故意丢他的脸,出他的丑,让他难堪,如此容易引起双方公开的对抗。诸多事实证明,许多争吵,就是批评的场合不适宜引起的。

2. 应当心平气和

常言说:"良言一句三冬暖,恶语伤人六月寒。"批评人时应当心平气和、春风化雨,不要横眉怒目、讽刺挖苦、恶语伤人,更不要高声叫嚷,似乎要让全世界的人都知道。否则容易伤害被批评者的自尊心,导致矛盾激化。因此,当你怒火正旺时,最好先克制一下情绪,整理一下思绪,等心情平静下来再进行批评。

3. 尽量不翻"旧账"

批评应尽量准确、具体,对方哪件事做错了,就批评哪件事,对于过去的事尽量不要拉扯出来。否则,会使对方感到你一直暗地注意收集他的问题,这一次是和他算"总账",进而产生对立情绪。

4. 对事不对人

批评时,要坚持对事不对人的原则,不能因为对方某件事做错了,就论及对方其他方面如何不好,以一件事来论及整个人,将对方说得一无是处,行事一贯如此。比如,用"你这个人真是不可救药""我算看透你了"等来否定对方,都是不可取的。

5. 提出正确做法

批评人时,多数人往往把重点放在指出对方错误的地方,却不明确说明正确的方法是什么。对方听了这样的批评后,只会觉得不服和反感。但是如果在指出对方的失误之后,再诚恳地告诉他怎么做才是正确的,使其明白你不是在指手画脚,效果就截然不同了。

6. 不可反复批评

批评别人万不可反复批评,无休无止。当一个人受到批评时,心里已经很不自在了,如果再重复批评,他会认为你总是跟他过不去,把他当反面典型看待。多一次批评,就会在他心里多一分反感与抵触。

7. 做好善后工作

有些人自尊心比较强,当受到批评后,有可能会情绪低落,甚至自暴自弃,也有可能对批评他的人心存怨恨。所以,在批评之后,不要一批了之,弃之不管,而要做好善后工作。要细心观察对方的变化,对他表示关心和体贴,有了点滴成绩,要及时肯定;有了困难,要及时帮助,让对方感受到前面的批评是为他好,他才会甘愿接受批评,改正不足,批评也才能收到应有的效果。

社交箴言

批评时要顾及对方的自尊与感受,注意批评的分寸和场合。女性比男性更在乎自尊,所以在这方面更要注意。

让忠告听起来更顺耳

忠告，对于帮助他人和建立真诚的人际关系，起着难以替代的重要作用。因此，我们应该欢迎别人给予自己忠告，更要在合适的场合给予别人以忠告。然而，"忠言逆耳"，在生活中经常见到这样的情景，本来你好意给对方提出忠告，对方却往往很不高兴。

究其原因，就在于一般人容易受感情支配，即使内心有理性的认识，但仍易受反感情绪的影响而难以听进忠告。因此，只有为别人着想的良好愿望还不行，还需要掌握一些基本的沟通技巧，让你的忠告变得顺耳，这样别人才会欣然接受和采纳。

下面是一些行之有效的让你的忠告听起来顺耳的建议，可以根据实际情况酌情采用。

1. 最好在私下进行

美国罗宾森教授曾说："人有时会很自然地改变自己的看法，但是如果有人当众说他错了，他会恼火，不但不会改正，相反，会更加固执己见，会全力去维护自己的看法。这不是那种看法本身多么珍贵，而是他的自尊心受到了威胁。"这就告诉我们，在什么场合提出忠告十分重要。原则上讲，提出忠告时，最好一对一，不要当着他人的面进行。因为提出忠告的时候容易触及对方的短处，而每个人都有自尊心，被当众揭短时，情面上很容易下不来台，进而产生抵触情绪。这种情况下，即使你是善意的，对方也会认为你是在故意让他当众出丑。所以，向别人提出忠告时，最好在私下进行，这样不仅有利于维护对方的自尊，不至于使对方陷入被动和难堪，也有利于营造相对宽松融洽的沟通氛围，从而利于你的忠告被采纳。即使你的忠告失之偏颇，也多半不会引起对方的反感。

2. 选择适当的时机

在对方感情冲动的时候不适合提出忠告。因为当对方在冲动状态下，理智起不到作用，他也判断不清你的用意。这时提出忠告，不仅不能解决问题，反而会火上浇油。因此，明智的做法是，等对方冷静下来再找机会。另外，当对方很忙的时候，未必有耐心倾听你的忠告——即便忠告极具建设性。所以，应当尽量选择在对方有空的时候去"进谏"，这样对方才会更容易接受忠告。如果不知道对方何时有空，不妨先暗示一下对方，请对方安排时间。总之，当准备向别人提出忠告时，切记不要过于自作主张而忽视了对方周围的人际环境以及时间安排。否则，对方必定会认准你是个麻烦制造者，从而不会接受你的忠告。

3. 先听对方的意见

在向别人提出忠告时,切忌不问青红皂白,便横加责难或一味强求,这样做常常会让对方感觉压抑,容易产生辩驳的欲望,进而使你们的沟通进入僵持阶段。所以,应该将自己的真实想法按下来不表,先聆听对方的意见,弄清整件事情的来龙去脉,然后以"如果我处于您的位置……""假如我是您……"这类话作为开头语,进而提出自己的忠告。这就使对方感到你体谅他,确实在为他着想,他自然就会考虑接纳你的忠告。

4. 忠告内容应简洁

人们大多对长的忠告感到不耐烦,因此,你所提出的忠告内容要简洁而突出重点。如果你能在1分钟内说完你的忠告,对方往往会觉得很轻松,而且如果觉得"有理",也比较容易接受。即使对方不赞同你的忠告,你也不会浪费太多的时间。如果再具体界定一下,最好将语速保持在每分钟300个字的标准,比这个标准低会显得过于缓慢。倘若你在提出忠告的时候啰里啰唆,长篇大论,或先翻"旧账",再予以责备,恐怕还未等你说到重点时,对方已经心生反感,不愿再听了。

5. 列举对方的优点

提出忠告的时候,不要把对方指责得一无是处,否则很容易引起对方的逆反心理——"既然已经这样了,那就干脆一错到底"。这样反而不如不提忠告。明智的做法是多列举对方的一些优点。例如,可以这样说:"你平时工作努力,表现积极,不足的地方是做事草率了一点。如果思考问题再慎重些,就更好了。"用这种方式提出忠告,对方会备受鼓舞,也就容易接受你的忠告了。

社交箴言

在向别人提出忠告时,切忌言辞激烈、咄咄逼人,要采用和风细雨、循循善诱的方式,让你的忠告听起来顺耳,有利于别人采纳遵行。

第四章

见微知著,从读懂对方心理开始

什么样的人是你的真命天子?什么样的人可以托付终身?什么样的人给你带来的是福?什么样的人给你带来的是劫?从别人的一个小习惯、一个小细节就可以识别其为人。只有掌握这种识人之道,女性才会让自己的人际关系变得更有利于自己。

用立体的眼光识人

在认识人、辨别人既是一件难事又是一件大事的情况下，女性必须走出用有色眼光看人的误区，用立体的眼光，从多角度、多时段、多层面看人，这样才能避免是非不分、贤佞不辨，做到心明眼亮、慧眼识人！

"曹瞒老去不解事，误认孙郎作阿琮。"这句话的意思是说，曹操老了时糊涂，错把大有作为的孙权当作毫无作为的刘琮。其实，在识人的问题上产生误区，又何止曹操一人？就连孔子这位鼎鼎有名的大圣人也在识人上产生过过失。据古史记载，孔子的学生宰予善言辞，能说会道，很得孔子的信任。后来事实证明，宰予说的和做的差距很大。孔子的另一个学生子羽容貌丑陋，因此孔子很不喜欢他，子羽不得已而退学。后来事实证明，子羽是个品学兼优的人。后来，孔子发现自己在识人问题上的过失时说："吾以言取人，失之宰予；以貌取人，失之子羽。"这就告诫后人，根据言语识别人，会因为信任宰予这样的人而犯过失；根据容貌识别人，会因为不能任用子羽这样的人而犯过失。

苏轼诗曰:"横看成岭侧成峰,远近高低各不同。不识庐山真面目,只缘身在此山中。"这告诉我们,"灯下黑"是常有的事,只有跳出所在的圈子才能看到事物的全貌。那么,怎样用立体的眼光看人呢?

1. 看言谈举止

观察对方的言谈举止是严谨检点、彬彬有礼,还是粗言秽语、举止轻浮,然后经过自己的综合分析,把握其本质特点。可从横向与纵向两个方面来观察。前者要观察对方在与各种人交往、遭遇各种事情时的言谈举止;后者要经过一段时间的观察,如1个月、2个月、半年、1年等。通过一两次的观察,很难完整地了解一个人,必须经过一段时间,从动态的方面去把握对方,才会形成完整的印象。

2. 看外在特征

人虽是矛盾的结合体,但其属性是相对稳定的,可以通过一些外在特征反映出来。比如,看一个男人的品位,可以看他的袜子;看一个女人是否养尊处优,可以看她的手;看一个人的气血,可以看他的头发;看一个人的心术,可以看他的眼神;看一个人的身价,可以看他的对手;看一个人的性格,可看他的字写得怎样……

3. 看朋友圈子

古语说:"物以类聚,人以群分。"即是现在我们平常所说的"圈子",也就是说,兴趣爱好相同或相近,有共同或相似特征的人更容易聚集在一起。从这一点上可以得到人品的相关信息。如果对方的朋友一个个都是谦谦君子或纯情淑女，那么大概率这个人品质也是不错的。如果对方的朋友全是些逢场作戏的高手，这个人可能也是此类人，与其来往，就要多加提防了。有一点需注意，一个人结交一些异性朋友不代表这个人有什么问题，但如果只有异性朋友而没有同性朋友，交往中就需要引起重视了。

4. 看经历

要看一个人过去有没有什么挫折经历能够证明其"逆商"，有没有什么行为记录能证明其诚信，有没有什么创举能证明其能力，有没有什么成就能证明其价值。当然更关键的是，要看一个人对自己过去所作所为的态度，是敢作敢当，还是敷衍塞责。通过对其过往经历的探究，就可以大概了解到这个人的一些基本情况。

5. 看现时表现

现在进行时是一个人最真实、最鲜活、最丰富的一面。观察的时候，要看其日常工作、学习和生活的态度是否端正，习惯是否良好，看其工作是否实在，学习是否认真，生活是否简单，对时间是否珍惜；看其如何看待过程和结局，如何看待自我和他人；看其人生观、价值观和世界观是否真实；等等。

6. 看未来发展

看一个人的未来发展，主要看这个人未来发展的定位与方向，看他的思想能量和行动轨迹……"学校里有两类学生，一类成绩名列前茅,他可能回校当校长;另一类成绩名列后几名,他可能回校演讲。"这是克林顿回母校时的演讲词。他是当年学校里的差生,谁能看出他是块当总统的料呢?

社交箴言

女性朋友勿以有色眼光看人,要以立体的眼光,从多角度、多时段、多层面审视交往对象,这样才能避免是非不分、贤佞不辨,做到心明眼亮、慧眼识人。

"身体语言"隐藏的含义

实验证明,一个人向外界传递信息,7%通过语言传递,38%通过声调、语气传递,剩余的55%则是通过肢体语言传递。

肢体语言虽然是无声的语言,但是从这些无声的语言中可以窥探出人的心理活动。心理专家认为肢体语言要比有声语言更具可信度。的确,不管一个人如何巧舌如簧,他(她)的身体却往往真实地反映了他(她)的内心。

所以,女性朋友在解读他人心意的时候,不要只听对方说了些什么,还要有意识地观察对方的肢体语言,这样才能较为真实地洞悉其内心,及时调整自己的沟通方式,使双方的沟通顺利地往下进行。

1. 眉目的动作语言

眉毛上扬,瞳孔放大,眼睛很有神,表示惊恐或惊喜,即人们所谓的"喜上眉梢"。眉角下拉或倒竖,眼睛圆瞪,表示愤怒、不满,即通常所说的"剑眉倒竖""杏眼圆睁"。眉头皱起，表示不悦、不赞成或者表示关注、思索。眉毛迅速地上下跳动，眼睛也连续眨动，是情绪激动，对某事物感兴趣的表现，有时也被视为不诚实、不敢正眼直视的表现。

2. 嘴巴的动作语言

嘴巴除用来说话外，还可以摄取食物，进行呼吸。嘴巴的动作形式非常丰富。在紧抿嘴唇的同时，有意避开他人的目光，一则表示此人意志坚决，二则说明此人心中极有可能有不愿透露的秘密。嘴唇常不自觉地张着，呈现出倦怠疏懒的模样，说明他可能对自己所处的环境感到厌烦。噘嘴则代表对某事不满。嘴角向下拉，表示对某人或某事不满，也是一个人固执的表现。

不同的吸烟姿势也在不经意间流露出一个人的心理和情绪状态。将烟朝上吐，表示这个人做事积极且为人自信。因为采用这种姿势吸烟，人的身体处于昂首挺胸的状态。如果将烟朝下吐，则表示这个人情绪消极、意志消沉或者内心有很多疑虑。烟从嘴角缓缓吐出，表示此人思绪烦乱、心情复杂，正在努力理顺头脑中杂乱无章的思想。斜仰着头将烟吐出，给人一种悠然自得的感觉，表示此人很自信，有优越感。在吸烟的过程中，不停地弹烟灰，表示此人内心矛盾重重或焦躁不安。让烟燃着而很少吸，表示吸烟者在紧张思考或等待紧张情绪的平息。没吸几口就把烟掐灭，表明吸烟者想尽快结束谈话或作出某个决定。

3. 四肢的动作语言

把手放在后脑勺上，表示此人头脑中正想着事。用手拍脑袋，往往是一种自责的表现。用手挠挠耳朵或轻揉耳朵，表示不想再听对方说下去。用手轻轻抚摸下巴，表示正在思考如何作出决定。用手指轻轻触摸脖子，表示怀疑对方所说的话或不同意对方的看法。用手挡住嘴或稍稍触及嘴唇或鼻子，表示想把自己内心真实的想法隐藏起来。用手托腮，并用中指顶住太阳穴，表示正在仔细斟酌对方的话，也有向对方暗示自己觉得无聊，想放松放松了。用手指或铅笔敲打桌面，或在纸上乱涂乱画，反映出内心的慌乱，或对正在谈论的话题不感兴趣，感到无聊和不耐烦，或者不赞同对方提出的看法。

双手互搓分为两种：搓手速度很快，表明对某事比较有把握；如果搓手速度比较慢，表明对某事没有太大的把握。将双手外摊，双肩微耸，表示无可奈何。双手握拳，是小心谨慎、情绪有些不佳的表现，但也可能是一种挑衅的表现。两手手指并拢放置于胸脯的前上方呈尖塔状，表示对自己充满信心。两手重叠放在胸腹部，表示此人比较谦逊、矜持。两手叉腰，表示此人对自己的处境或正在处理的事情做好了心理上和行动上的准备，给人以胸有成竹的感觉，也表现出以势压人的优势感和支配欲。手臂交叉放在胸前，可能是因为紧张或害羞，也代表有自卫的心理。

叉开腿站着，紧张而不自然，说明不自信。人在一个陌生而不舒适的场合多半喜欢这么站着。收紧脚踝站着，说明处于愤怒中，很想发火，正在千方百计地控制自己。摇动足部，或用脚尖拍打地板，或抖动腿部，都是情绪不稳定或焦躁、不耐烦的表现。

4.腰腹部的动作语言

腰腹部位于人体的中央部位，其动作带有极为丰富的含义。弯腰鞠躬有谦逊或尊敬之意，但有时也暗示此人感觉不如对方的心理，甚至在害怕对方时，也会不由自主地采取弯腰的姿势。腰板挺直，颈背部保持直线状态，表示此人正处于情绪高昂、充满自信、自制力较强的状态。双肩无力地下垂，凹胸凸背，腰部下塌，表示疲倦、忧郁、消极、被动、失望等消极的情绪。挺起腹部，表示充满自信并感觉很满足；蜷缩抱膝则表示此人正处于不安、消沉、沮丧等不佳情绪之中，也有自我防卫的心理。

解开上衣纽扣露出腹部，表示对当前的事态胜券在握，或已经放松了对对方的戒备之心。腹部起伏不定，表示此人正处于兴奋或者愤怒状态之中；如果腹部起伏剧烈，给人以呼吸困难的感觉，则表示此人兴奋和激动的状态即将爆发。轻拍自己的腹部，是在向别人展示自己的风度和雅量，同时反映出此人自鸣得意的心情。重新系一下皮带，暗示此人精神振奋，做好了迎接挑战的准备；而放松皮带则表示此人已放弃了努力，有时也表示想放松一下紧张的心情。

社交箴言

任何一种肢体语言都可能有多种意味,因此,在"破译"他人的肢体语言时要综合地去理解和剖析,这样才能较为准确地洞悉别人的真实意图。

察看情绪的"晴雨表"

俗话说:"出门观天色,进门看脸色。"面部表情是人心理活动、情绪变化的"晴雨表",它可以把高兴、悲哀、痛苦、畏惧、愤怒、失望、忧虑等情绪状况迅速、充分地表现出来。因此,在与人交往时,女性千万不可对别人的表情视而不见,而应该注意察看对方的表情变化,以快速获悉对方的真实情感,并做出有效的反应,这与看云彩的变化推断天气的阴晴变幻是一个道理。有一位女记者去某足球队采访,一进门,发现休息室气氛沉闷,教练铁青着脸,双眼圆睁;队员们则耷拉着脑袋,垂头丧气。她赶紧退了出去,取消了这次采访。后来,这位女记者打听到,球队刚刚在比赛中吃了败仗,正在怄气。倘若当时她不注意察看教练的面部表情,不识趣地去采访,一定不会获得满意的采访效果。

A君的妻子在单位和同事闹了别扭,回到家后满脸不高兴。A君回家后,并没有注意到妻子生气的表情。结果，当他和妻子谈到一件事情而意见不一致时，没说几句话，两人就吵了起来。假如A君善于察言观色，发现妻子表情与以往不同，意见不一致时可以忍让，并耐心开导，不仅不会和妻子吵起来，而且会给予妻子以心灵的抚慰，加深夫妻之间的感情。

现实生活中诸如此类的事情不胜枚举。人类的心理活动非常微妙，且这种微妙的心理活动常会通过表情流露出来。遇到高兴的事情，脸颊的肌肉会松弛；遇到悲哀的事情，脸颊的肌肉会紧绷。因此，每一个想要拥有良好人际关系的女性朋友，都要努力通过察觉别人的表情变化来探知对方的心理，进而做出有效的反应。需要注意的是，有些人善于掩饰自己，喜怒不形于色，甚至可能"笑在脸上，哭在心里"。鉴于此，女性朋友在察看别人的面部表情时，要特别注意以下两个方面的问题：

1. 没表情不等于没感情

在日常生活中，也许你会发现有些人即便有人对他说了一些难听的话，都是一副无表情的样子。其实，没表情不等于没感情。很多时候，越是没有表情，内心的波动可能越剧烈。例如，有些下属在受到上司的批评时，尽管上司的话很难听，但他一副无表情的样子，显得毫不在乎，其实，他的内心极有可能"激情澎湃"，只是敢怒不敢言而已。如果你是这个上司，千万不要以为对方心甘情愿地接受了批评，要这样说："如果你有什么不满,不妨说出来听听!"以安抚下属可能正在竭力压抑着的愤怒,让对方把心里话说出来,有利于你们之间的交流。

2. 脸上在笑,心里在哭

满天乌云不见得就会下雨,笑着的人未必就是高兴,愤怒悲哀或憎恨至极点时也会微笑。通常人们说的"脸上在笑,心里在哭"正是这种情况。人们之所以会"脸上在笑,心里在哭",一则可能是因为有难言的苦衷,不便说出来,只好将苦水往肚子里咽,脸上却装出一副甜甜的样子,目的是防止他人过问,或担心影响他人情绪。二则是怒极反笑,也就是"愤怒悲哀或憎恨至极点时也会微笑",是愤怒的情绪到了一定程度物极必反的表现。所以,要仔细洞察原因,千万不可被表面的表情误导。

社交箴言

不能只简单地从表情上判断他人的内心活动和真实情感,需要结合实际情况,仔细探查,综合判断他人内心的真实活动。

要学会从眼神解读心理

眼睛可以说是脸部最富有表情的器官,也是最容易泄露内心秘密的地方。研究表明,人类深层心理中的欲望和感情,首先会反映在眼神上。眼神的集中程度、活动方向能表达不同的心理状态。所以,读懂人的眼神便可知晓人的内心状况。

实际上,通过眼神解读人心善恶的方法自古就有。孟子就这样说过:"存乎人者,莫良于眸子。眸子不能掩其恶。胸中正,则眸子了焉;胸中不正,则眸子眊焉。"可见通过一个人的眼睛完全可以透视一个人的内心。

国外有位知名作家将人类的"眼睛"定义为直径大约2.5厘米的器官,这不像在说我们富有灵性的眼睛,倒像在解释人类发明的摄影机。眼球中具有感光功能的角膜含有约1.37亿个细胞,这些细胞可以将从外界"收到"的信息通过视神经传送至大脑。人就是基于这些信息,做出各种表情和行动的。眼角膜中这些具有感光功能的细胞,通过"亲密合作"可以同时处理约150万个信息。因此,人们的每一个眼神都是内心丰富情感的表达，都在透露着自己内心深处的秘密。现代研究也发现，眼睛是大脑在眼眶里的延伸，眼球底部有三级神经元，就像大脑皮质细胞一样，具有综合分析能力，而瞳孔的变化、眼球的活动等，又直接受脑神经的支配。所以，从科学的角度来说，眼睛完全可以反映一个人的情感世界和内心想法。

因此，有必要学会通过眼神探查一个人的内心活动，并利用好这种技能，提高我们与人相处的智慧和能力。

1. 观察眼神的集中程度

观察对方眼神四射，不知道在看什么，还是眼神专注，专心致志在看着自己，是很有意义的。当对方是男性时，如果他眼神四射，魂不守舍，完全不看你，便表示对方对你不感兴趣，无亲近感。如果你们正处于交谈中，说明他对你所说的话没有兴趣，甚至已经感到厌倦。这时你最好尽快结束现在的话题，寻找新的话题，谈一些对方可能感兴趣的事，或者识趣告辞。如果对方的眼神凝定并注视着你，则说明他对你感兴趣或者有好感，非常乐意和你谈话，并有意与你作进一步的沟通。

如果同样的情况发生在女性身上，意义就大不相同了。当女性凝视对方时，往往表示她不愿意将自己内心的真实想法传达给对方。有心理学家做过关于对视的实验，实验分男女两组。实验结果表明，受测者在被指示隐藏内心真实的想法时，男性注视对方的时间会缩短，而女性则延长。因此，当你发现一位女性朋友注视你的时间过久时,你不妨想一下:她是不是对自己隐藏了什么?

另外,通过眼神的集中程度还可识别一个人的性格特征。美国一位比较心理学家理查·格西做过这样一个实验:观测孤独症患儿注视陌生成年人的时间。他将成年人分为两组,一组蒙着眼睛,另一组不蒙眼睛。让孤独症患儿分别与两组成年人见面,结果发现患儿注视前者的时间是后者的三倍。实验中还发现,当患儿与不蒙眼睛的成年人四目相对时,患儿会立刻移开视线。由此可以推断,性格较内向的人一般不愿意注视对方。

2. 观察眼神的活动方向

如果你在谈话中发现对方的眼神上扬,那你最好马上结束你的话题。因为这种眼神表示对方已经不想再和你谈下去了,不管你说得如何生动、理由如何充分、说法如何巧妙,都不能提起对方的兴趣了。如果对方的眼神下垂,甚至连头都不愿抬起,则说明他心事重重,甚至非常痛苦。这时你可以说些适宜的安慰的话。如果对方的眼神斜瞥,则可能是鄙视、看不起你。不过也有例外,当一个人想看清对方,却不愿让对方知道时,也可能用斜视来偷看。要根据具体情况综合判断。

3. 读懂眼神流露的情感

如果对方的眼神横射,仿佛有刺,表明他对你异常冷淡,如果你想和对方交往下去,应该用心研究他对你冷淡的原因,再谋求靠近对方的途径。如果对方眼神阴沉,与之交往,须小心一点，或许对方已经有了向你出击的想法。如果你不想和对方计较，最好敬而远之。如果对方的眼神流动异于平时，有可能心怀诡计，不要轻信对方的话。如果对方的眼神似在冒火，便表明对方此刻怒火中烧，戾气极盛，应该马上借机避开，不要逗留，等对方冷静下来，再与其心平气和地交流沟通。如果对方的眼神恬静，面有笑意，说明对方此刻的心情很好，或对于某事很满意，若你有求于对方，此时开口应该是很好的机会。如果对方的眼神呆滞，唇皮泛白，说明他此刻正处于一种惶恐万状、六神无主的状况，如果你们的关系很近，可以及时询问，并提供帮助。

综上所述，人的每一个眼神都有其内在的情感依循。要用心参悟每一个大有深意的眼神，发现其中蕴含的情感信息。

社交箴言

人的喜、怒、哀、乐都能从微妙变化的眼神里真实地流露出来。要用心观察每一种眼神，并力争通过读懂各种眼神，为自己的生活、工作提供帮助。

言为心声,通过言语推断秉性

"察言"是一个透视他人心理,识别他人个性、品行必不可少的环节。如果女性不注意"察言",就不能准确探知他人内心的真实活动和意图,认清他人真面目,就有可能被他人蛊惑、蒙骗。有道是"言为心声",语言能反映一个人的内心世界。孔子曾说:"不知言,无以知人也。"意思是说,在与人相处时,如果没有听到他的言谈,很难说此人是一个什么样的人。但与其经过几次谈话后,通过言谈,我们就会对此人的行为、性情有一个大致的了解。

丽丽朋友的公司想从一家公司"挖"一个销售主管过来,丽丽的朋友负责此事。对方要价是年薪50万元。丽丽的朋友不知道花这么大的代价值不值,因此犹豫不决。一天,朋友找到丽丽说:"丽丽,你见识广,你帮我看看,他值不值50万元的年薪。"丽丽说:"这样,你把他请出来,我们一起吃顿饭,我帮你看看。"朋友爽快地答应了。

第二天,朋友带着丽丽和那个销售主管在一家餐厅见了面。三人边吃边聊。吃完饭,和那个销售主管道别后,在回去的路上,朋友问丽丽:"这个人值那么多钱吗?"

"可能是个水货。"丽丽回答说,"我询问他的销售业绩,他只是敷衍而过,并没有说出让人信服的数据。""作为一个销售精英,人家可能是不愿泄露自己的销售机密。"朋友说。"销售业绩是过去的事,公开没什么不妥。另外,他想跳槽就要拿出诚意,要不然怎么取信对方?"丽丽说,"另外,我问他为什么要跳槽的时候,他说和上司不和,这不是在泄露他们公司的机密吗?"

"可能是今天他酒喝多了。"朋友说。"他确实喝多了,你看他满口牢骚,猛说公司和上司的坏话。"丽丽说,"总之,通过谈话,我很难看出对方是个有才有德的人。"

"我再多了解了解吧。"朋友说。后来,丽丽的朋友进一步了解,发现对方公司老总竟然是那个销售主管的亲姐夫。那个销售主管之所以在公司取得不错的业绩,是因为姐夫的刻意照顾。他之所以要跳槽,是因为他的姐姐和公司老总离婚了。缺少了原姐夫的照顾,他的销售业绩直线下滑,在公司待不下去了,所以想跳槽。

"你看人看得挺准啊!"朋友后来跟丽丽说。丽丽笑了笑说:"没什么的,言为心声,多听听对方的话,多揣摩对方的心理,就能大致判断对方是一个什么样的人了。"

要想通过一个人的言语了解这个人,要能判断出这个人说的话是真是假,然后从其真话中判断这个人的能力水平,从其假话中辨别其内心的真实想法,这样,就可以对这个人有个大致的了解。老子有一句名言:"知者不言,言者不知。"聪明的人一般不随便说话,而随便言语的人大多没有什么真知灼见。这是口才的智慧,也是识人的重要依据。

言为心声,行为心表。通过一个人的言行,特别是那些不经意流露出来的一言一行来揣摩对方内心的真实活动和思想感情,可以进一步了解这个人。当然这需要一个学习的过程。要掌握它们之间的关系和规律,才能真正运用好这项技能。

社交箴言

言为心声,一个人内心所想的,会通过他的话反映出来。仔细倾听这些话,推敲它们背后的真意,是女性朋友要努力学习的重要社交技能。

第五章

主动社交,拓宽人际交往空间

在现实生活中,很多人缺少朋友,这是由于他们在人际交往中总采取消极的、被动的退缩方式。但是如果你总是不主动与人交往,就会失去很多交朋友的机会。因此,如果想拓宽你的人际关系,就必须学会主动去交往。

结交比自己优秀的人

在自己所拥有的人际关系里,人,特别是女性朋友往往喜欢和与自己地位相仿的人打成一片,但是人要学会往高处走,就是要学会与比自己优秀的人互动。

美国有一位名叫阿瑟·华卡的农家女孩,在杂志上读了一些大实业家的故事,很想知道得更详细些,并希望得到他们对后来者的忠告。于是有一天,她跑到纽约,也不管几点开始办公,早上7点就到了企业家威廉·亚斯达的事务所。在第二间房子里,华卡立刻认出了面前体格结实,长着一对浓眉的人就是企业家威廉·亚斯达。

威廉·亚斯达开始觉得眼前的女孩有些莽撞,不由得有些生气,然而一听女孩问他:"我很想知道,怎样才能赚得100万美元?"他的表情变得柔和并微笑起来。两个人竟谈了一小时。分开时亚斯达告诉女孩该去访问的其他实业界的名人。

华卡遵循亚斯达的指示，遍访了一流的商人、总编辑及银行家。在赚钱方面，女孩得到的忠告虽然没有帮助她直接获得财富，但是给了她很多的成功指引。她开始仿效他们成功的做法。又过了两年，这个20岁的女孩成为她当学徒的那家工厂的所有者。24岁时，她成为一家农业机械厂的总经理。很快，她就如愿以偿地拥有百万美元的财富了。后来这个来自乡村简陋木屋的女孩，成为全国银行董事会的一员。

在活跃于实业界的67年中，华卡一直践行着她年轻时来纽约学到的基本信条，即多结交比自己优秀的人。这给她的成功带来了巨大的助益。

多数年轻人有英雄情结，都有向英雄式人物学习、靠近的心意。可是年纪一大，就认为不可不将这种心意隐藏起来。但是隐匿崇拜人物和向其靠近的心理是错误的。应当与所崇拜的人亲近，向其学习，这才是良策。这不但能使对方感到高兴，而且会鼓励你，增加你的勇气。

怀特是美国印第安纳州小乡镇上的铁道电信事务所的新雇员。16岁时他决心要出人头地，于是他开始向这行业的精英学习，27岁时他当上了事务所的分销主管。后来，他当上了电信事务所的经理，再后来又成为俄亥俄州铁路局局长。

当他的儿子上学就读时,他给儿子的一条忠告是:"在学校要和一流人物结交,有能力的人不管做什么都会成功……"

你也许会觉得这句话太庸俗。但请别误会,把有能力的人作为自己的榜样并不可耻。朋友与书籍一样,好的朋友不仅是良伴,也是我们的老师。大多女性朋友之所以在交际中失意,就是因为不善于向有宝贵经验的前辈学习。第一次世界大战中法兰西的陆军元帅福煦曾说:"青年人至少要认识一位精通世故的老年人,并请他做顾问。"萨加烈也说了类似的话:"如果要求我说一些对青年有益的话,那么,我就要求你时常与比你优秀的人共事。就学问而言或就人生而言,这是最有益的。学习正当地尊敬他人,这是人生最大的乐趣。"

不少女性朋友总是乐于与比自己差的人交际,因为在与不如自己的人交往时,能产生优越感。可是从不如自己的人当中,学到的有价值的东西是比较少的。而结交比自己优秀的人,并向其学习,才能让自己获得更有价值的东西,更能帮助自己成长。

社交箴言

要多与比自己优秀的人来往,做朋友。一个人的朋友越优秀、越有质量,这个人的进步就越快,前途也就越光明。

主动寻找"伯乐"

经常听一些女性抱怨:"我已经在公司待了三年,老板却还不晓得我的才华在哪里。在他眼里我好像只是一个可有可无的存在,真令人沮丧!""我拼了命地在替公司赚钱,主管却天天看我不顺眼,不是抢走我的功劳,就是把我的功劳平分给大家,真令人泄气!"……

为什么女性会面临这么多不如意的状况呢?为什么女性在职场得不到足够的重视呢?为什么女性的工作机会和受赞扬的程度会比男性差很多?实事求是地说,这些状况是存在的,造成这种结果的一个重要原因是女性天生的性格或内外教育所形成的观念。很多女性习惯了被动,习惯了等待,习惯了默默无闻,习惯了逆来顺受。如果你一味地孤芳自赏,觉得自己付出一定会有回报,只要努力就会有结果,不懂得主动向老板或主管推销自己,积极表现出自己的才能,那么,你最终所获得的极有可能不会尽如你意,你甚至会遭受不公正对待,对你的事业发展造成极大的障碍。

小雨是从事企业标志设计的,她从自己的设计中经常能够获得足够的满足与自我肯定。她在工作时一向努力,常常为了一个设计几天几夜地泡在工作台上。小雨是一个偏于内向的女性,不善于表现自己,默默做了很多工作。在老板和主管面前,她从不主动显露自己的才华,更不会努力去争取自己内心想要的东西。

　　也许正是这个原因,老板总会认为,每一次的成功设计都是整个设计部努力的结果,丝毫没有注意到小雨作为总体设计人员所起到的关键作用。在这样愤懑的情绪之下,小雨提出了辞职。在老板询问辞职原因的时候,小雨心中积压了好久的委屈终于倾泻而出,她把自己的能力、才华和自己对公司所作出的贡献向老板和盘托出。

　　老板终于意识到了问题所在,最后他以高薪挽留住了小雨,并于两个月后晋升了小雨的职位,这让小雨能够心甘情愿地留在公司了。

　　从小雨的经历中,我们不难看出,一味地等待他人的赏识是很被动的,特别是对于主管和老板而言——他们的头脑中不知有多少事要考虑,有多少关系要处理,员工勤恳的工作态度他们固然不会完全视而不见,但若指望他们能够切实清楚每个员工的价值和真正需要,那就有可能让人失望了。因此,要想获得领导的青睐,让自己的价值得到认可,有必要毛遂自荐，为自己赢得一个美好的未来。

阿玲是公司的新职员，自进入公司的那天开始，阿玲就一直默默地干着分内的和分外的工作。早上，别人还没到，她就开始打扫办公室，打扫完后，在同事们的办公桌上，各放上一杯沏好的茶或咖啡。久而久之，办公室里的几名同事渐渐理所当然地享受起了这样的服务，他们把很多需要跑腿的活儿都扔给了阿玲。晚上，当其他人飞快地奔向电梯回家的时候，阿玲依旧默默地收拾凌乱的办公室，收拾整洁后再坐下来加一会儿班，完成当天的工作或为明天的工作做准备。

这样的工作安排是辛苦而忙碌的，但阿玲并没有因此而跟人到处抱怨，或向主管汇报，她知道，自己作为新人，做些分外的工作是必要的。不过，这并不代表阿玲一直就此沉默下去，一段时间后，她开始寻找能够适时表现自己的机会。一天，公司召开业务会议，老板在会上问到一组关键数据，但现场的人都一头雾水，没有人知道这个确切的数据。就在这时，旁听的阿玲不慌不忙地发言了。她不仅将数据阐述得准确清晰，还加入了自己的一些独到看法，结果，阿玲赢得了所有人的敬佩，更赢得了老板赞许的目光。

事实上，这是阿玲辛苦了一个晚上的结果。昨天她就听到老板提到了相关的问题，因而知道这个数据对公司很重要，而很多人又并不清楚。因此，她知道自己找到了一个绝佳的表现机会，于是她查阅了大量的资料，并最终得到了相关数据。

正是阿玲的这次出色表现，使她成为老板心目中踏实肯干的优秀员工。没过多久，老板提拔阿玲做了设计部主管，从此走上职场的快车道。

当我们在现实复杂的人际关系中跌宕起伏，在事业上冲刺拼杀时，其实早已不再需要恪守古老的惯性定式了，应该尽情地发挥自己的潜能，学会并善于去当一个主动的人——主动表现、主动要求，以自己的主动赢得生活和事业上的光明。

社交箴言

与其被动地等待贵人发现自己的价值，不如找准机会，主动出击，毛遂自荐，寻找赏识自己的"伯乐"，让自己优秀的一面有机会展示出来。

要学会主动融入团队

职场中有这样一类女性,她们虽然有着令人羡慕的天赋与才华,但工作中总是有些不如意,甚至屡遭挫折。她们就像千里马,却总遇不到真正赏识自己的伯乐,空有满腹经纶,只能感慨于"知音少,弦断有谁听"。

固然,这种情况在职场中确实存在,但女性也要反省一下自身,看问题是不是出在自己身上。在众多的相关调查报告中,有一种情况很突出,那就是很多职场女性自视清高,工作中不愿与人配合,导致很多工作开展起来很困难,事后又不知悔改,依然我行我素,最后自然被众人边缘化,致使工作无法开展,不得不离开岗位。实际上,转换一下思维,稍微放低一下身架,主动融入团队,情况就会有很大的改观。

大学生小 A 毕业后进入一家公司工作。她非常珍惜这份工作,因此工作起来很努力。与她一起进公司的还有男生小 H。小 H 和小 A 被分配到同一部门。小 H 虽然能力也不错，但整天油嘴滑舌，经常和同事们说说笑笑，有时还一起出去吃吃喝喝。小 A 对小 H 很是不屑，在她看来，只要做好自己的工作就行了，别的都不重要。小 H 跟她开玩笑她也不搭理，小 H 邀请她跟同事一起出去玩，她也不去。有时，小 A 看见同事都围着小 H 玩闹，也都躲得远远的。实际上，小 A 也不是单单排斥小 H，对其他同事，小 A 也是保持"很远"的距离。

一次，小 A 和小 H 所在的小组分配了大量任务。小 H 招呼其他同事帮忙。由于小 H 平时和同事关系很好，因此同事们也都愿意帮小 H 做，而小 A 却一个人"孤军奋战"。结果小 H 按时完成了任务，小 A 虽然通宵达旦地工作，但还是没能按时完成。再后来，小 H 被提升为部门主管，小 A 内心非常不服气，由此负气辞职了。

辞职后，小 A 凭借自己的能力很快进入了另一家实力较强的公司。这次，她吸取了上次的教训，告诫自己一定要和同事处好关系，不要拒人于千里之外。

在这种思想的主导下，小 A 放下昔日的"架子"，对人不再冷冰冰，脸上始终挂着微笑，和同事见面不但主动打招呼，积极配合同事工作，还经常邀请同事一起逛街、聚餐、外出游玩，很快和同事熟络起来。同事们也都很喜欢既随和又很有能力的小 A。1 年后，通过民主选举，小 A 顺利成为她所在部门的主管，走上了管理岗位。

偏执和退避都是失败的种子。在群体中生活，既要有棱角，也要保持一定的随和。坚持自我的同时要学会放弃自我，这是现实生活的需要。小A重获职业的新生，既是幸运的，也是她改变的结果。之前由于过于坚持自我，导致与他人格格不入，被拒于团队之外，而后与时俱进，主动寻求改变，成功融入团队，进而取得了事业的成功。

作为一名职场人士，特别是职场新人，一定要设法融入公司团队。而要想融入团队，首先需要获得团队成员的认可，为此需要积极主动沟通，了解团队文化，与团队成员建立起和谐的关系，这样才可能赢得团队成员的肯定，也才可能融入团队中。

社交箴言

在平等的前提下，尊重每个人的个性，承认别人的创造成果，不做自以为是、唯我独尊的"另类"，刚柔并济，张弛有度，学会有艺术地坚守自己的原则。

结交生命中的闺中密友

对于一个女人来说，世间最美好的事，莫过于有亲如姐妹的好友，这种朋友，有一个温暖的名字，叫作"闺中密友"。若说蓝颜知己是女人生命中的一笔财富，那么女性朋友就是生命中的"创可贴"。生活中，我们难免会有磕磕碰碰的时候，这时候，"创可贴"就成了生活中的必备品，"它"可以随时帮你缓解伤痛。所以，女人一生中有必要预备可以治愈自己伤痛的"创可贴"。

有了那种亲密无间的女性朋友，在你受到委屈、误解伤心时，她会耐心地倾听你的苦恼，给你以安慰。在你遇到困难、经受痛苦，需要帮助时，她会无私地伸出双手，给予你帮助。交了这样的女性朋友真是应该珍惜。

然而，生活中要交到如此相知的女性朋友确实不是一件易事，在一定程度上，可以说可遇不可求。女人很敏感，平时处处小心翼翼地维持自己的心理平衡，不轻易吐露心声。除非有人和她们有类似的身世、地位和处境，才肯放下心防，将自己的心里话讲出来。她们认为,人只有在同一境遇中才会真正体谅别人,否则,所谓体谅只是一种居高临下的给予。

瑾的朋友极少,彦算一个。彦曾笑瑾太懒,懒得连朋友都不多交几个。

"交朋友这件事费神又费时,有一个就行了,再说女人之间能不相厌的本来就少,我就不奢求了,你算是我的朋友。"瑾这样说。

那时,她们经常找时间混到一起浪费掉一个下午,吃东西、美容、逛街、发呆,天黑前像完成任务一样,心满意足地各自回家。

她们极少打电话,如果打,一定是遇到大问题了。一次彦半夜打电话给瑾,说她在大马路上坐着呢,问瑾想不想去看看她。瑾去了,在一家医院门口,彦抱着瑾说:"有个女孩为了我男朋友自杀,现在正在抢救……他在医院里面,让我在外边等他。"

彦把事情说完了,情绪好了不少。瑾拍拍她,说:"别怕,有我呢,我陪你等。"然后取出一袋纸巾:"别哭了。女人哭起来一点也不好看,梨花带雨是骗人的。看你把星星都给哭没了,吓到了花花草草也不好。再说,我这套衣服很贵,沾满了你的鼻涕和眼泪估计以后也没法穿了。"彦抵在瑾的胳膊上不肯抬头。后来说起这事瑾就让彦赔衣服。

瑾也半夜打电话骚扰过彦。那时她陷入一段情感的困境，无人知晓，连彦也不知道。一个伤心的人，在失眠的夜里很容易生出绝望的念头。瑾一个人坐着，哭都哭不出来，她想如果不给自己一个出口，自己会疯掉的，于是打电话给彦。听到彦声音的一刹那，瑾泪如泉涌，说不出话。彦在电话那端听着瑾哭，等瑾渐渐平息下来，然后问："要我过去吗？"瑾说："不要。""那我明天去看你。"放下电话，瑾觉得自己虚弱至极，连伤心的力气也没有，还好，这个世界上还有肯倾听自己哭泣的人。

　　风暴只是暂时的，在大多数风平浪静的日子里，她们依然相约一起逛街、一起美容、一起发呆，消磨一个又一个周末的下午。

　　有时聊起友谊的话题。瑾说："我不信有什么永恒的情感，不是对世界灰心，而是自己就没信心做到。时间啊，空间啊，人啊，都是会变的。"彦晃着手里的可乐杯，白了瑾一眼："或许是吧！天长地久到底能有多长久呢？"

　　她们一致认为，对女人来说，女性朋友没有男朋友重要。女性朋友是"创可贴"，缓解一下伤情，暂时起点作用还成，解决不了大问题。男朋友才是"解药"，所以一定要重色轻友，不能稀里糊涂地把感情资源浪费了。不过女朋友需要常预备着，以免想用的时候找不到。

事实上，我们都知道"闺"，不单单指闺阁、闺女、闺房的"闺",还是指一个女人在她漫长的一生中,只有同性之间才明白和理解的闺中情怀。女人在她的一生中,总会有一个或几个密友,哪怕她历尽铅华、子孙满堂,都不会妨碍她们的交往。

有一种闺中密友,来自童年或读书时代的同学、邻居,因为知彼知己,知根知底,她是你的知音,有时甚至比你自己更了解自己。这样的密友,是你一生的影子,自己走得再远,她还会跟在你的身后。而另一种是在你成长的过程中,或在你为事业拼搏的过程中,偶然相识相知的。

我们对友谊的渴望与需要常常也如爱情一样,是可遇不可求的。但是即便如闺中密友这样的朋友也并不一定就是长久的。慢慢地,你会发现,你与童年和读书时的密友,原来也会因为现实、世俗以及双方地位和收入的差异,关系渐渐淡化到无。成长过程中的相识相知,也会出于工作、生存等各方面的原因而渐行渐远。

要想永远得到相处得很好的闺中密友,需要有很好的品性修养,自私、小气、不喜欢成人之美、不喜欢闻人之誉的人,不可能真正拥有好朋友。要想永远获得好朋友,就应该学习用正当的方法去赢得对方的信任。你希望别人对你怎样,你就应该怎样去对待别人。

社交箴言

要想结交和拥有生命中的闺中密友,让自己的情感有所依托,一个重要的前提是自身要有较高的修养和人格魅力,能够包容、理解、温暖对方,相处中保持开放的心态,常作深入交流,最终建立起尊重和信任的关系。

准确找到交际的切入点

在交际中,一个好的切入点对交际的结果起着非常重要的作用。人们是否愿意成为朋友或什么时候能成为朋友,刚开始接触的 4 分钟至关重要,因此非常有必要在这关键的 4 分钟内找到交际的切入点,为自己的社交建立一个好的开始。那么,在开始接触时,如何才能成功地找到交际的切入点呢?

1. 抓住交际的最初 4 分钟

当新到一个地方,与素不相识的人见面,必定会给对方留下某种印象,这在心理学上叫作"第一印象",也称"首因效应"。第一印象主要是通过对方的表情、姿态、仪表、服饰、语言、眼神等方面,在审美上留下的零碎、肤浅,却非常重要的印象。心理学研究发现,在先入为主的心理影响下,第一印象往往能对人的认知产生关键作用。研究表明,人的第一印象形成于初次见面的最初 4 分钟。所以,一定要利用好这关键的最初 4 分钟给对方留下好印象。

2. 努力寻求亲近和认同

一个人是否招人喜爱,要看他能不能获得他人的认同,看他怎样恰到好处地适应别人的情感需求。

(1)关心他最亲近的人。每个人都有自己喜欢和亲近的人,如果从关心他最亲近的人入手,往往能获得对方的认可。

(2)在他心中建立"同胞意识"。"同胞意识"也就是亲情意识。人们对自己人都格外亲切和照顾。在《三国演义》中,刘备与关羽、张飞义结金兰,建立起了"同胞意识",以至于后来关、张二人对刘备忠贞不渝。在交际的开始阶段就与对方建立"同胞意识",能使对方把你当自己人看待,你们的关系也会牢固许多。

(3)助他一臂之力。热心地帮助他人最能博得别人的好感。在他人有困难时,及时伸出援助之手,雪中送炭,这样被帮助的人自然会对你感激不尽,以后你有事时对方也一定会力所能及地提供帮助。

(4)温暖地对待他人。朋友或同事之间有矛盾,谁也不理谁,这段时间是交际的冰点。假如有一方能首先打破僵局,向另一方表示歉意,就会使对方在惊愕和愧疚中反思,从而化干戈为玉帛。这样交际的冰点就转换成了成功交际的切入点。

3. 满足对方的心理需求

人们在交往中有共性心理,如果能针对人们的心理采取适当的交际措施,对症下药,就能取得满意的交际效果。通常人们有被赞扬心理、成功心理、炫耀心理、自信心理、年轻心理、共趣心理、尊敬心理、好胜心理等共性心理。事实证明,把满足对方的这些共性心理需要作为交际的切入点,是交际活动取得成功的捷径。

(1)赞扬法。人人都渴望得到他人的赞美,适当而真诚的赞美能激发人们积极的情绪,使人更愿意与欣赏自己的人交往。因此,在适当的时候,要给予他人适当的赞美。

(2)激励法。人人都希望自己的付出得到认可和回报。这种心理如果能得到及时的、正面的回应,就能激发出当事人的感激和报偿心理。因此,在交往中,当发现交往对象有这种心理需求时,要及时予以回应,以增强彼此的关系。

(3)求教法。人们对自己的能力或多或少有一些自豪的感觉,因此采取向他们求教的方法是个不错的交际切入点。

(4)欣赏法。通常人们对于自己喜爱或认定的事物抱着宁死也不更改的心态,不愿意接受来自他人的指正。所以,如果你对他喜爱或认定的事物表示赞赏,爱屋及乌,那么通常会获得对方的认可。

(5)降岁法。人们都希望在别人面前表现自己青春、有活力的一面,即便青春和活力已远去,所以,在交际时采用降岁法能满足人们的这种心理,进而打开交际的方便之门。

(6)投合法。人们都喜欢和志趣相投的人在一起,找到与他人的共同爱好,就容易找到交际的切入点。

(7)问候法。尊重他人是一个人素质和教养的体现。要想得到别人的尊重,首先要尊重别人。在交际中,主动问候他人就是最便捷、最简单的表达敬意的交际行为。

（8）退让法。适当退让，在一定程度上能满足对方的好胜心理，进而为你们打开进一步交流和合作的大门。

社交箴言

　　交际是人与人交往、交流的一种活动，女性在交际中有独特的优势，但同样需要遵循交际的规律，充分利用它们，为自己争得竞争的优势。

第六章

遵守交往规则,不踩人际雷区

人际关系中有许多误区,甚至是雷区,这些误区和雷区往往会成为女性朋友交际上的壁垒,所以,在人际交往过程中,女性朋友要学会遵守交往规则,这样才会避免踏入交际的误区和雷区,成为交际达人,获得好人缘。

不做他人的"红颜知己"

红颜知己,曾经是一个让人产生无限遐想的名词,美丽出众可称为红颜,善解人意才算得上知己。这四个字不知蕴含了多少美丽的爱情故事:才子佳人的红袖添香,英雄美女的生死相随,痴心儿女的两情相悦……即使不能长相厮守,也是魂牵梦萦;即使爱到心碎,也是无怨无悔;即使无名无分,也是心甘情愿。

一个红颜知己,比花解语,比玉生香,是古代风流文人给予所钟爱女子的最高称谓。而对于女性而言,她们心底一直都珍藏着一份不食人间烟火的浪漫情愫,能成为心爱男人的红颜知己,曾经是她们的渴望、她们的荣耀。在新时代里,"红颜知己"被赋予了新的内涵,成为一种新式男女关系的代名词:比友谊多一些,比爱情少一些,成为在妻子、情人、朋友之外的所谓"第四种感情"。

男人和女人之间有没有纯洁的友谊?这个问题曾引起很大的争论,讨论双方各执一词,谁也不能说服谁。若没有纯洁的友谊，也许就有不纯洁的"友谊"，于是便派生了"红颜""蓝颜"之说，友谊被抹上了几分暧昧的绯色。现代有人如此界定红颜知己："做红颜知己最重要的是恪守界限。给他适可而止的关照，但不展现深情，不让他产生你会爱上他的遐想，也不让他产生爱上你的冲动与热情，这是做红颜知己的技巧……做红颜知己的全是些绝顶智慧的女孩，她们心里最明白：一个女人要想在男人的生命里永恒，要么做他的母亲，要么做他永远也得不到的红颜知己，懂他，但就是不属于他……"

然而，真正绝顶智慧的女孩子恐怕永远不会去做这样的"红颜知己"。现代女性生命中不乏各种异性，在亲情、爱情之外，她也懂得培养与异性之间的友情，可以约在一起聊聊天，互诉生活中的烦恼事，却不做对方的"红颜知己"。

"知己"是个很危险的身份，就像在悬崖边跳舞，稍微向前一步，就会粉身碎骨。不管人们如何为这样的"红颜知己"辩护，其身份始终不尴不尬：与妻子不同，妻子能够理直气壮地拥有整个男人，与其相依相伴一生；也与恋人不同，男人与恋人彼此需要，合则聚不合则分。"红颜知己"扮演的始终是个编外、替补角色，她恪守自己的本分，不能与男人相守也不可相伴，在男人需要倾诉的时候，她需带着盈盈的微笑耐心聆听，做他烦恼的垃圾桶。她的兰心蕙质，她的温言软语，是他烦恼时最佳的解药。

红颜知己是最了解他的人，却永远不能介入他的生活。相对妻子得到的永恒温馨，红颜知己获得的只是一份虚无的荣耀。所以说，所谓的"红颜知己"，在很大程度上，只不过是男人最美丽的欺骗，也是女人对自己最美丽的谎言。现代女性敢于勇敢地质问男人：凭什么在有了一个"当你卧病在床与痛苦激战的时候，拉着你的手慌张无措泪流满面，怕你痛、怕你死，恨不得替你痛、替你死"的老婆后，还要有一个"理解你，愿为你默默分担，让你灵魂不再孤寂，令你欣慰"的红颜知己？

情感付出虽然永远是个不等式，但是不等也是有限度的。如果女性足够聪明，就不会让自己的付出没有任何回报。想想看，病痛时，男人可以当着很多人的面，与自己的妻子上演一出患难夫妻相濡以沫的悲情好戏，泪里带笑，无所顾忌地秀恩爱。而红颜知己只能站在一个阴暗的角落，在心底默默地为他祝福，却不能有任何的光明表示。即使一个关怀的眼光，一句可心的话语，也要顾忌来自四面八方的目光。

付出了所有的柔情，红颜知己得到的是什么？既不能像恋人一样在风雨过后在他面前肆意撒娇，也不能像妻子一样夜里10点理直气壮地催着他回家。想想看，红颜知己只能给他适可而止的关怀，却不能展现深情；红颜知己不能提及她的牵挂、她的焦虑、她的气恼，永远不能提；红颜知己也不能无拘无束地陈述自己的故事，将自己的生命和他的生命连接在一起，既不能彼此相爱，又不能真实拥有对方。完全无限期地付出，不能求任何回报地奉献。

一个聪明的现代女性绝不会如此为难自己，把生命的一部分交付给一个"不相干"的男人。若明知是个无底洞,还一厢情愿地往里面跳,这样的"红颜知己"不做也罢。有如此的情怀,还不如一心一意地用来经营自己的生活,收获实实在在的幸福。

社交箴言

女性朋友要明白,当你成为一个男人的"红颜知己"时,所要付出的远远比得到的多得多,因此切莫为了"红颜知己"的虚名而贻误终身。

女人工作中要保持理性

人们常说女人是感性的,男人是理性的。这句话虽然有些绝对,但也不是没有道理。在很多时候和场合下,女性在处理事情时,往往感性多于理性。但在现代人际关系交往中,如果你经常发脾气、动不动掉眼泪,那么不仅会让人无所适从,而且会给人留下自制力差、情绪化的不良印象,最终给自己的事业造成极大的影响。

艳红是一家大型企业的高级职员,她的能力和才华在公司是有目共睹的,这一点连她的上司也是非常清楚的。艳红热情大方、率真自然,颇受同事们的欢迎,也深得上司的喜爱。但也就是这率真的性格,在某些时候竟然成了她事业发展中的致命伤!最近一段时间,上司对一位无论是资历还是能力、业绩都不如艳红的女同事特别关照,又是涨薪,又是晋升,1年之内竟然破格提拔了她两次,让人很是羡慕。

艳红心里越想越难受，为什么自己工作干了一大堆，也创造了十分亮眼的业绩，却得不到提拔呢？她怎么也想不明白，心里又气又急又窝火，情绪十分低落，严重影响了工作。这时，一个平常和她关系不错的同事，见到艳红这副沮丧的样子，便告诉了艳红她的看法。她认为艳红之所以会出现目前的状况，虽然原因是多方面的，但最主要的一条就是艳红犯了人际交往中的大忌——太情绪化了！听了同事的劝告，艳红有些醒悟。其实，艳红也想让自己老练和成熟起来，然而，一碰到让人恼火的事情，她就控制不住自己的情绪，尽管事后觉得自己有失理智，但当时就是冷静不下来。

长此以往，艳红在公司里备受冷落，同事们也不敢轻易同她来往了，艳红的事业陷入了彻底的困境之中。

类似艳红这种情绪化的反应，在一定程度上可以说是女性朋友的一个通病。据调查，情绪化反应现已成为现代女性职业发展的最大障碍。

在很多人看来，姗姗是一个很出色的职场女性——聪明、漂亮，有上进心，做事用功。但是，和她真正接触过的朋友，或和她一起工作过的同事们都十分清楚，她有个毛病——爱哭！有一次她辛苦设计了一个月的方案，本以为会得到上司的欣赏，却没想到被上司无情地否定了。姗姗立刻蒙了。随后,她跑进滂沱大雨中足足哭了10分钟!别人劝她,她也不听。此后,上司再也不敢把重要的设计交给她做了。姗姗的事业陷入了低谷。

眼泪只能博得同情,却无益于工作,所以,女性要学会控制激动的情绪,不要乱发脾气,不要轻易掉眼泪,要懂得"伪装"、掩饰自己的心情,要勇敢去面对失败和压力。只有坚强,才能赢得同事和上司的认可,进而顺利开展工作,为自己赢得那片深邃湛蓝的事业天空。

社交箴言

眼泪只能博得同情,却无益于工作,所以,要想在工作中获得重视,女性有必要收拾好心情,不乱发脾气,不轻易掉眼泪,以独有的坚强迎接挑战。

如何改变不合群的状况

现代社会分工越来越细,很多工作需要合作进行,打团体战。通常不善于与人交往的人往往不善于与人合作,只能单打独斗,这样就不能充分和有效地利用外界的资源,以至于完成相同的工作,付出的努力和承担的压力要比善于与人合作的人大得多。

不合群的女性往往有以自我为中心的特点。这并不是说她们愿意这样,有很多人也很渴望能像那些交际达人一样"会说话",但是由于长期的封闭,她们不了解别人的心理和情感,说出来的话往往只能从自己的角度出发,这就使她们很难与别人建立起真正良好的人际关系,而只能感到被孤立,并让自己陷入尴尬的境地。

不合群的女性在交往中经常会感到被伤害。她们往往带着个人脆弱的情结进入群体,希望别人像呵护温室里的花朵一样呵护自己。显然,这种期望是不现实的。一旦她们在人际关系上碰壁,就会变得更加社恐,还会感到别人伤害了自己。实际上极有可能不是别人故意伤害她,只是她过于敏感,感到别人不接纳她。时间长了,就没有人愿意与其交往了。这种结果让这类女性感到有压力,但是她们又不愿意从自身找原因。

不合群的女性很多时候表现得很高傲。事实证明,凡是那种高高在上的人多半不会有什么好人缘。她们缺乏亲和力,不合群,敏感脆弱,不愿意接纳别人,也不轻易接受别人的意见。有时别人善意提醒她们该怎样做的时候,她们总是表现出"用得着你来告诉我""好像谁不会"的样子,致使提醒的人越来越少,而她们则继续不合群下去。

不合群的女性朋友怎样做才能改变这种不合群的状况呢?

1. 认清自己

不合群的女性朋友,首先要认清自己身上存在的问题。只有认清自身的问题,才会采取有效的措施,改正身上存在的问题。

2. 勇于交际

不要因以往的不愉快经历而就此止步不前,要勇于交际。在与人接触中,一点一滴学习人际交往的方法和技巧。

3. 必交密友

女性朋友可以多结交以下三类密友,能更有利于改变自己不合群的"毛病"。

(1)慈母型。除在参加约会时能提供最基本的陪伴外,结交这类朋友更好之处在于,她们对你很包容,你大可以自顾自地谈论你的孩子,而她们会假装很着迷。她们能在多方面,特别是家庭生活方面给予你许多切实的指导。

(2)知己型。不管给乐趣下什么样的定义,总是需要有人和自己分享才能获得快乐。愿意将乐趣与其分享的知己型密友是十分可贵的,也是不可或缺的,她们能将不合群的你带向乐观、豁达。

(3)事业密友型。这种类型的朋友可以帮助你洞察现实,进而让你对工作上出现的问题有一个正确的认识和判断。举例来说,假如你搞不清你的老板是在故意刁难你,还是因为太忙而没能给予你足够的重视,不妨听一下这些朋友的看法和意见。

4. 不以弱者自居

虽然现在大部分女性展现出不弱于男性的工作能力,但仍有部分女性总以弱者自居,在工作上不愿承担过重的责任,甚至惯于推卸责任,尤其是与男性同事合作时,这种现象就更加明显。敢于承担责任是女性表现自己能力和风采的一项重要指标。仅能完成自己的本职工作是不够的,还要有承担责任的意识。动不动就把责任推给别人,自己只享受成果,这种做法会使自己越来越不受欢迎。

5. 控制好情绪

有些女性在工作时经常会发脾气,总觉得自己是对的,别人是错的。要想与人合作顺利,就要懂得控制自己的情绪,不乱发脾气,努力展现出女性温婉的一面。

社交箴言

人际关系差,人缘不好,社交恐惧症,在一定程度上和"不合群"有一定的关系,女性朋友要多从自身出发,找出自己"不合群"的地方,仔细剖析,将其改掉。

会爱比爱本身更重要

男人是千差万别的。结交脾气、爱好和秉性不同的男人,女性朋友要善于运用不同的方法。

1. 追求健壮强悍的男性应表现出女性的温柔

健壮强悍的男性通常喜爱运动,意志力坚强,孝顺,对女性有较强的保护欲。结交这类男性,应该多与其聊天,让对方知道你在注意他。

这类男性虽然外表强悍,但在异性面前通常比较害羞,因此应适当地在其面前表现出女性的温柔和妩媚,激起他的保护欲。对于他擅长的事情要多加称赞。

交往期间,女性要表现得主动一些。当与对方确定关系之后,可多与他家人联系,经常到他家坐坐,与他的家人聊聊天,这种类型男性通常孝顺,因此与他的家人处好关系是很重要的。

2. 结交羞涩的男性应鼓励他敞开胸怀

有一类男性比较腼腆,特别是见到女性,更会显出羞涩的样子。这种类型男性一般文化程度较高，有不错的品位，但较内向。结交这种类型的男性，女性宜表现得成熟一些。可以借与他讨论专业性知识的机会与其结交。在交往过程中，要既让他表现出自己的特长，又表现出你是有内涵的人。不妨对他说一些夸张的话，他会认为你很讨人喜欢。

当与他确定了恋爱关系后，要继续保持成熟稳重的形象，平时要注意保护他的自尊心，不要凡事缠着他，给他不自由的感觉。

3. 对世故老成的男性应适当保持距离

世故老成的男性往往事业有成，善于交际，说话左右逢源，很讨人喜欢。因为这一类型的男人会认识很多女性，对女性心理很熟悉，要想成功吸引这种男性需要动一番心思，不能轻易让他看透你的心思，与其接触时少交谈、多凝视，让自己显得神秘一些。不要轻易说赞美他的话，即使赞美，也应话中带话，给他遐想的空间。而当他对你产生兴趣时，你要选择性离开。总之，与其保持适当的距离，会让主动权掌握在你手里。

4. 对重感情的男性应表现得像个淑女

重感情的男性比较靠得住、顾家，但也容易对别的女性产生好感。结识这样的男性时，应展现出淑女的样子，但不要呆板，应稳重中不失随和。女性如果与这样的男性去野外郊游，可带上自己做的小食品，穿着朴素一些，居家风浓一些，这会使他对你兴趣大增。当你们成为情侣时，继续走淑女的路线，表现出女性的温柔，提高对方对你的兴趣和情感依赖。

5. 结交沉默寡言的男性应主动一些

沉默寡言的男性一般内心很有想法，但不善于表达，为人多诚恳。结识这一类型男性时，女性要主动一些。如聚会时主动与之攀谈，但不宜过于热情，以免"吓"到对方。平时交流中，要善于引导对方说话，并适当地恭维。当你们的关系进一步深化时，女性要表现出小女人的样子，加重对对方的依赖，有助于你们亲密关系的最终建立。

6. 结交理想化的男性要多顺从他

理想化的男性是唯美主义者，很多想法有些不切实际，但他们感情细腻、丰富。初识这种男性时，可以抛出一些话题来与其讨论，让对方尽情畅谈自己的观点，而你要耐心倾听，可能的话，要顺应他的观点，赞美他，表现出对他的爱慕。

当你们结识之后，你不妨按照他的喜好去行事，如陪他去看艺术展、参加主题沙龙活动等，这会让他对你产生进一步的好感和依赖。

社交箴言

要想让自己的爱落到实处，获得一个美好的结果，女性一定要学会如何去爱。恰当的方式会让爱"开花结果"。

"随和"虽好但不可丢了"刚性"

随和是一个人拥有修养与内涵的表现,它是感性的,同时是理性的。随和是我们人生中一门必修的处世功课,女性往往比男性更注重,也更容易与人随和相处,进而为自己赢得更好的人际关系,不过,一个不容回避的事实是,女性常常表现出过于感性,随和得有些过度,使自己的职场或事业遭到了挫折。

小薇是一家大型公司的公关部助理,由于工作性质,她要和公司上上下下的人打交道。她深知在大公司做事人际关系的重要和人言可畏的影响,所以,她为人一向比较低调、随和,努力和同事们建立良好的关系。

在平时的工作中,她处处留心、谨小慎微,对同事提出的所有创意和做法都表示赞同,从不说任何反对的话。对每个人的要求,几乎有求必应,从来没有对周围的人说过一个"不"字,生怕得罪了同事或上司,生出什么枝节。

对于自己这样为人处世的方式，小薇本以为算得上圆满，无懈可击，不但不会给自己带来麻烦，还会为自己赢得绝佳的人缘，算得上高明至极。

可是，不知为什么，随着时间的推移，小薇渐渐成了办公室里若有若无的一个人，部门每次讨论事情时，总是忘记了她的存在；同事们有什么聚会，也很少邀请她参加。

对此，小薇感到疑惑和委屈，因为她自认没有做错任何事，随和热情，乐于助人，帮同事做了很多工作，占用了自己的大量时间。她实在不明白，自己对同事这么好，为什么换来的却是今天这样一个难堪的局面。

有一段时间，不知道为什么，同事刘莉总是处处和她过不去，有时候还故意在别人面前指桑骂槐，合作时也有意让她承担更多的工作。

虽然小薇对刘莉的态度满腹不平，不过，她仍然秉持着一贯的原则，热情随和，尽量避免和刘莉发生冲突，她觉得既然大家都是同事，没什么过不去的，忍一忍也就算了。

直到有一天，小薇由于疏忽，忘了把刘莉的工作报告交给经理，这使刘莉对她更加不满，愤愤不平地对其他同事说："你看小薇越来越不像话，暗地里使坏，为了报复我，故意不把我的报告给经理，让经理对我有意见！"

有个同事附和着说:"是呀,小薇虽然看上去很好说话,跟谁关系都挺好,却总让人感觉心里不踏实,她似乎跟谁都隔着一层,让人无法信任。"

另一个同事则公正地评价道:"小薇可能没你们说得那样心理阴暗,不过,她确实没有自我,对什么事似乎都不会有不同的意见,更不会有不同的见解,真让人捉摸不透啊!"

……………

刘莉和同事背地里说的这番话,恰巧被路过的小薇听到,她这才恍然大悟:原来正是由于自己过度随和,才使人感觉不到她与人交往时的真诚,从而给人以虚伪的感觉,让人不可相信;更是由于她过度随和,让她虽然没有得罪任何人,却失去了自我。

显然,小薇这种过度随和的为人处世态度非但没有给自己带来便利,反而使其陷入了一种尴尬的境地。小薇不明白,过度的随和不仅意味着好说话、不挑剔,还意味着无原则、缺乏主见、没有追求。这样的随和自然不会带来什么好结果。

与人交往时,如果你对人过度随和,那只会给别人一种随便怎样对你都可以的感觉,还可能因为不知道你为人怎么样,什么事都好,而不敢与你交往过深。毕竟对一个没有原则、随便的人,人们还是缺乏信任的。

社交箴言

过度随和并不是一种处世的智慧,大可不必为了博得所有人的欢心而为难自己。做人随和是对的,但是过度随和则是一种错误之举。

第七章

保持交往分寸，缔结最合适关系

随着你的人际关系越来越广，它也就越发复杂，学会经营好这些人际关系是必不可少的本领。只有掌握了这种本领，你才能始终在生活中、职场上游刃有余。这种本领中，有一点要特别注意，那就是要保持交往的合适分寸。

保鲜友谊要避免争论

被尊为圣贤的老子说过这样一句话,"不争而善胜",通俗地讲,就是避免争论是在争论中获胜的秘诀。当然,这并不是主张为人做事唯唯诺诺、低三下四,而是说,在有的时候、有些场合,一个人应该为自己确信的真理和主张去和反对者争论,辨别是非。这种争论,有时还会发展到很激烈的程度。但是,在一般交谈的场合,要尽量避免和别人争论,因为交谈的主要目的是促进彼此的了解,增进双方的友谊,是一种社交性活动,而争论起来很容易伤感情,与原来的目的背道而驰,尤其是作为女性,如果为了一些不痛不痒的小问题就与他人争得面红耳赤,毕竟是一件有伤大雅的事。

那么,要想做到既不必随声附和别人的意见,又避免和别人争论,有没有两全的办法呢?答案是肯定的。

1. 尽量了解别人的观点

在许多场合,争论的发生多半是由于大家只看重自己这方面的理由,而对别人的看法没有好好地去研究、去了解。如果我们能够从对方的立场去看事情,尝试着去了解对方的观点,认识到为什么他会这样说、这样想,就会使我们看事情比较全面;同时能够了解到对方的看法也有他的理由。这样,即使你仍然不同意他的看法,但也不至于认为对方是在无理取闹,那么自己的态度就可以比较客观一点,自己的评价就可以公允一点,发生争论的可能性就比较小了。

同时,如果你能把握住对方的观点,并用它来说明你的意见,那么,对方就更容易接受,而你对其观点的批评也会中肯得多。而且,他一旦知道你肯细心地体会他的真意,他对你的印象就会比较好,也会尝试着去了解你的看法。

2. 重视共同之处

对方的言论中你所同意的部分,应尽量先加以肯定,并且向对方明确地表达出来。一般人常犯的错误就是过分强调双方观点的差异,而忽视了可以相通之处。所以,我们常常看到双方为了一个枝节上的小差别争论得非常激烈,好像彼此的主张没有丝毫相同之处,这实在不是明智之举,不但浪费许多不必要的精力与时间,而且使双方更难沟通,更难得到一致的或相近的结论。

解决的办法是,先强调双方观点相同或近似的地方,在此基础上进一步求同存异。交谈的目的是使双方的观点更接近,使双方的了解更深。即使你所同意的仅是对方言论中的一部分或一小部分,只要你肯坦诚地指出,也会因此营造比较融洽的交谈气氛,而这种气氛,是能够帮助交谈发展、增进双方了解的。

3. 要尽量保持冷静

通常,争论是双方引起的,你一言我一语,互相刺激,互相影响,结果就火气越来越大,情感激动,头脑也不清醒了。如果有一方能够始终保持清醒的头脑和平静的情绪,那么就不至于争吵起来。

但有的时候,你会遇到一些非常喜欢跟别人争论的人,尤其是他们蛮横的态度和无理的言辞常常使一个脾气很好的人都不能忍耐。在这种时候,你若仍然能够不慌不忙、不急不躁、不气不恼的,将会使你能够跟那些最不容易合作的人进行有益的交谈。

4. 永远准备承认自己的错误

坚持立场是容易引起争论的原因之一。只要有一方在发现自己的错误时立即予以承认,那么,任何争论都容易解决,而大家在一起互相讨论,也将是一件非常令人愉快的事情。我们在谈话的时候,不能对别人要求太高,不妨以身作则,发现自己有错误的时候立刻爽快地予以承认。这种行为、这种风度,不但会给别人留下很好的印象,而且会把谈话与讨论向前推进一大步,使双方在一种愉快的心情之中交换意见与研究问题。

5. 不要直接指出别人的错误

长辈常常规劝我们不要指出别人的错误,这样做会得罪人,是非常不明智的。然而,如果在讨论问题的时候,不去把别人的错误指出来,岂不是使交谈变成一种虚伪做作的行为?那么,意见的讨论、思想的交流,岂不是都成为没有必要的行为了吗?

然而,指出别人的错误的确是一件困难的事,不但会打击对方的自尊和自信,而且会妨碍交谈的进行,进而影响双方的友情。

那么,究竟有没有两全之道呢?可以尝试用以下方法:

首先,不必直接指出对方的错误,但可以设法使对方发现自己的错误。

在日常生活中,大家交谈的时候,并不是每一个人都能够始终保持清醒的头脑和平静的情绪,许多人有一种感情用事的毛病。即使是那些很愿意跟别人心平气和地讨论问题的人,有时也不免受自己的情绪支配,在思考与推论中,掺入一些不合理的成分。如果你把这些成分直截了当地指出来,往往使对方的思想一时转不过来,或是情绪上受了影响而感到懊恼异常。有时会引起对方恶意的反攻,或者使对方尽力维护自己的弱点,这对交谈的进行十分不利。

如果在发现对方推论错误的时候,你把自己谈话的速度放慢,用一种商讨的温和的语调陈述你的看法,使对方能够发现你的推论更有道理,那对方也就比较容易改变自己原来的看法。

很多人有这种认识:一个人免不了会看错事情、想错事情,假使他们能够自己发觉错误所在,他们就会自动地加以纠正，但如果是被人不客气地当众指出来，他们就会尽力去掩饰、尽力去否认、尽力去争执。因此，为了避免使他们情绪激动，就不宜直接批评他们的错误，不必逼他们当着众人的面说"我错了"或者"我全错了"。但生活中有的人一看到别人犯了一点错误就死盯住不放，还加以宣扬，这是一种幼稚的举动，是一种幸灾乐祸的态度，不是一种友好、与人为善的做法。

社交箴言

不要强迫别人接受你的意见，要争取长期和别人进行更多交谈的机会，让彼此在心平气和的讨论中逐渐达成一致意见，同时增进友谊。

与最亲密的人也要保持距离

女人之间的交往如果保持适当的距离，真诚地提出自己的意见，彼此就会更加欣赏，情谊会更加长久。但我们稍加留意会发现存在此类现象：两个女人以前亲密无间，不分彼此，可是突然间翻脸了，不仅互不来往，而且反目成仇。何以至此？只因太过亲密！

女性朋友之间太过亲密，一方会让对方觉得很随便或缺乏独立生活的能力，凡事都要让别人替你思考。随后，她可能会认为你是"应声虫"，没有独立的人格与尊严。但如果太过疏远，又会让人觉得你傲慢、离群，有些人还会认为你瞧不起人，不喜欢与她们相处，甚至讨厌她们。

心理学家道格拉斯针对人际关系中亲密与疏远的程度做了一项调查，得出了一个结论：男性之间一般比较疏远；女性之间喜欢保持亲密关系；异性之间，若有爱慕之意则关系密切，否则一般较为疏远。性格孤僻的人，多与人保持疏远的关系；性格外向的人，多与人保持亲密关系。再从社会地位来看，地位高的人之间关系较为疏远；地位低的人之间关系较为亲密。

人与人之间，只有保持适当的距离，才会有适当的人际关系，西方有一种"刺猬理论"对此可作解释。"刺猬理论"认为，刺猬浑身长满针状的刺，天一冷，它们就会彼此靠拢，凑在一起，但仔细观察后就会发现，它们之间始终保持着一定的距离。原来，距离太近，它们身上的刺就会刺伤对方；距离太远，它们又会感到寒冷。只有保持适当的距离，才可以既保持理想的温度，又不伤害对方。

"刺猬理论"给我们这样的启示：人与人之间假若距离太近，就会刺伤对方。一般情况下，人与人密切相处当然不是一件坏事，否则怎么会有"亲密的战友""亲密的伙伴""如胶似漆"等誉词呢？但是任何一件事情都不能过分，过分就会走向极端。俗话说，"过俭则吝，过让则卑"，就是这个道理。在现实生活中，这种"亲则疏"的现象是比较普遍的，这大概也可算作一条交际规律。因此，朋友之间不能过于亲密，上下级之间不能太过亲密，否则会对彼此造成伤害。

"刺猬理论"也告诉我们，假如人与人之间的距离太远了，就会感觉到寒冷。有这样一些人，他们自命清高、目中无人，这个瞧不起，那个也看不上，自以为看破红尘，与任何人都不来往；有些人十分消极地觉得世间险恶，交际很虚伪，寻求一种世外桃源来隔绝人世尘缘，不愿与外界接触。假如这样，自己一定会感觉到孤独，更会留下终身的遗憾。

在朋友日常交往中，双方若表现出过分的亲密或纠缠不清，有时也会让人感到很不自在。在这样的情况下，理智的人会采取回避的方法，往往能获得独到的功效。

假如你和对方发生矛盾了，回避就能够免去不必要的情感伤害。我们周围有一部分人生性好强，对待这样的朋友，不必与其针锋相对，适当的回避可以使对方有所清醒。

如果你被对方误解了，回避更能够显示出你的宽容。在朋友交往中，被别人误会的事经常发生。心胸狭隘的人往往会把别人的无意看成故意，甚至把好心视为恶意。作为被误会的一方，大可不必当面斥责人家"狗咬吕洞宾，不识好人心"，也不必"破罐子破摔"，马上同人家"断交"，不如先把理挑明了，然后暂时回避一下，过后再看一看对方是什么反应。假如对方认识到了错误，你再同其"恢复关系"，经过小波折得到的友谊，一定会比从前更坚定。

"刺猬理论"的相处适度原则道出了待人处世的真谛，想要达到上面所说的境界，一定要做到以下四点：一是"不卑不亢"做人；二是"不歪不斜"立身；三是"不偏不倚"办事；四是"不亲不疏"交友。闺密间的相处也是如此，每个人都有不愿人知的小秘密，或者在心灵的某个角落不愿人碰触，作为对方的闺中密友，一定要把握好其间的亲疏尺度，用细腻的心思去理解和包容对方，从容呵护好你们的友谊。

社交箴言

最亲密的友谊和最强烈的憎恨,都源于过于亲近。因此,在朋友交往过程中,需要注意保持适当的距离。特别是女性朋友比较敏感,更要注意与人保持适当的距离。

建立融洽的同事关系

每个职业女性都希望能与同事融洽相处，团结互助。她们深知，同事是和自己朝夕相处的人，彼此和睦融洽，工作气氛好，工作效率自然也就更高。同事关系紧张，相互拆台，经常发生摩擦，就会影响自己的正常工作和生活，影响自己的事业发展。

但是由于当今复杂的社会心态，一些女性在初尝人间冷暖后，便发出了"涉世不易，同事难处"的抱怨，大有世态炎凉之慨叹。

其实不然，只要你按照以下方法去做，就能轻轻松松地与同事建立起和谐、融洽的人际关系。职场上那些聪明女人都是这样做的。

1. 要与同事真诚合作

俗话说："一个好汉三个帮。"在现代社会，竞争虽处处都在，但同事之间大多是为了一个共同目标而奋进。因此，在工作中要真诚合作、团结互助。做出更大的业绩，公司才会有更好的发展；公司有了更好的发展，大家才能获得更高的薪资待遇与更多的晋升机会。如果公司的业绩上不去，得不到更好的发展，谁也别妄想有丰厚的薪水与晋升机会。

另外，在工作中，总有先进与落后之分，当同事在你之上时，千万不要心怀嫉妒，在工作中有意刁难对方；当你超越同事时，也没必要过分张扬，蔑视对方，否则，容易招致同事的嫉妒，从而引来麻烦。

2. 不泄露同事的隐私

同事的个人秘密，当然会带着些不可告人或者不愿让其他人知道的隐情。若是同事能将自己的隐私告诉你，说明对方对你有足够的信任，你们之间的友谊肯定要超出别人一截，否则对方不会将自己的私密向你和盘托出。

但如果你不能把好"口风"，随意泄露同事的隐私，不仅辜负了同事对你的信任，而且一旦同事在别人口中听到了自己的私密被公开后，不用说，他肯定知道是你出卖了他。如此一来，他肯定会怨恨你、仇视你，并会为以前付出的友谊和信任感到后悔。

可以说，不随意泄露同事的隐私是巩固职业友情的基本要求，如果这一点都做不好，恐怕没有哪个同事敢和你推心置腹。

3. 牢骚怨言要远离嘴边

不少女性无论工作在什么环境中，总是怒气冲天、牢骚满腹，逢人就大倒苦水，尽管偶尔一些推心置腹的诉苦可以构筑出一点点办公室友情的假象,不过像祥林嫂般的唠叨不停会让周围的同事苦不堪言,他们会想,既然你对目前工作如此不满,为何不跳槽,另谋高就呢?而且,一旦你的牢骚怨言被传到上司的耳中,你以后在公司的日子肯定不好过。

因此,就算是你性子直,就算你在工作上受了很大委屈,也不要把对工作的意见或是私人生活上的事四处散播,而应该在大家面前谨言慎行,学会做个聆听者。

4. 切忌随意伸手借钱

同事间会经常聚餐游玩,相关费用最好的处理方法就是采用AA制。这样大家心里都没有负担,经济上也承受得起。当然,如果遇到同事有了高兴的事主动提出做东,那就恭敬不如从命吧,祝贺的话奉上就好。

另外,除非在万不得已的情况下,切忌随意向同事伸手借钱,即使借了钱,也一定要记得及时归还,即使是小的款项,也不能忘记不还。否则,不仅会引起同事的不满,还会有损你的信用,如此就因小失大了。

5. 不私下向上司争宠

不私下向上司争宠,也是确保同事之间友谊长久的方式之一。如果同事当中有人喜好巴结上司,向上司争宠,肯定会让其他同事看不惯而影响同事之间的工作感情。

如果真需要和上司沟通,应尽量邀多人一起去,而不要在私下做一些见不得人的"小动作",那样会让同事怀疑你对友情的忠诚度,甚至会怀疑你的人格有问题,以后同事再和你相处时,就会下意识地提防你,因为他们会担心平时对上司的抱怨会被你上报。一旦你被发现出卖了同事的话,那么你们之间的友情就宣告结束了,就连其他想和你交朋友的人都不敢靠近你了。

6. 心平气和地处理纠纷

在长时间的工作过程中,同事之间难免会因不同的观点、意见或利害冲突而产生一些矛盾与纠纷,这是很正常的。不过在处理这些矛盾与纠纷的时候,不要表现出一副盛气凌人的样子,非要和同事做个了断、分个胜负,而要心平气和、有理有据地和同事讲道理,适时退让一步,以消弭无意的纷争,确保同事间的关系不会遭到破坏。

退一步讲,就算你有理,要是你得理不饶人的话,同事也会对你敬而远之,觉得你是个做事不留余地、不给他人面子的人,以后也会在心中时刻提防着你。这样你可能会失去一大批同事的支持。此外,被你攻击的同事将会对你怀恨在心,你的职业生涯便又多了一个"敌人"。

社交箴言

同事是朝夕相处的人,彼此和睦融洽,工作气氛好,工作效率自然也会更高。同事关系紧张,相互拆台,经常发生摩擦,就会影响自己的正常工作和生活。因此,职业女性应提高认识,努力与同事建立起一种和谐、融洽的人际关系。

赢得下属的肃然景从

如今,女性不仅已经和男性同工同酬了,而且有越来越多的女性跻身管理层,成为运筹帷幄、统领下属的女上司。

然而,尽管女上司大多敏于行事,处事公正客观,管理更人性化,但下属对女上司多半持拒绝、怀疑的态度。在他们眼中,女上司的能力与经验均不如男上司,听命于某个女上司违反了自然的法则。正因如此,那些难缠的、爱较真的下属的确也为女上司大展宏图制造了不少阻碍。

对于女上司来讲,要为自己施展抱负肃清障碍,当务之急就是要设法在下属面前表现自己的能力,树立自己的权威,他们才会乐意接受你,并肃然景从。

1. 培养自己的独立性

一般而言,女性给人的印象是胆量不够,依赖性强。可当女性担任上司的职务时,就不能总是想要寻求别人的帮助。在竞争激烈的现代社会,特别是在商业领域,真心帮助他人的人是不多的,所以能依靠的只有自己。因此,应该注意培养自己的独立性,不要一有事就打电话给家人或朋友诉苦,也不要让男朋友或丈夫到你公司来接你,更不要在众人面前显示出柔弱的样子,而要展示出工作责任心及办事果断的魄力。

2. 布置好自己的办公室

整洁的办公室不但可以创造出一个理想的工作环境,也能反映出你的风格气质、职位身份,有时还能无形中增加你的气场。比如,不要在办公室里挂海报,因为看上去像大学生宿舍。如要挂画,应选择高雅的版画或油画,而不要挂风景画;不要把办公室布置得太花哨,一如女性的闺房,而且要尽量避免把家人的照片放在办公室四周或书架上,不要让人认为你是一个整天恋家的"主妇"型上司。

3. 用赞美激励下属

金钱在调动下属的积极性方面不是万能的,而赞美却恰好可以弥补它的不足。生活中的每一个人都有较强的自尊心和荣誉感,你对下属真诚地表扬与赞同,就是对他们价值的最好承认,能激发他们潜在的才能。但要记住:对于男下属,这种赞美要有分寸,否则别人可能会误会你对他有意而令彼此尴尬。

4. 妥善地向下属授权

女性一得到提升,便觉得自己更应努力,很容易事无巨细、亲力亲为或一一过问而变得心力交瘁、精神不振。同时,如果你事无巨细统统包办代替,下属也会因此而事事依赖你,难以发挥整体的才能和做好彼此间的配合。

要改变这种被动状况,女性就必须学会妥善地向下属授权,明确哪些是你该亲手做的,哪些是下属该做的,不要身为上司仍做一般职员所做的工作,而要学习做领导,指导别人,从一个新的角度去展开工作。况且,作为上司,只有相信下属并给下属以锻炼的机会,使下属不断进步,下属才会与你同行,与你共赢。

5. 对下属严格要求

当面临下属没做好工作而需要批评时,有些女上司往往会觉得难以启齿,担心伤害下属的自尊心,所以,她们更愿意以一种宽容的态度感化下属,或以丰富细腻的人性化管理代替批评。可是,这种方法并不适用于每一种类型的下属,如对于那些清高自傲、目中无人或一向很懒散的下属,你要对他用软功、苦口婆心,他反而会看扁你。因此,对待这类下属,没有必要优礼有加,处处宽容谦让,而应该拿出上级的权威,该批评的批评,让他感到你行事的强硬作风,他才会甘愿服从你。

在批评下属之前,最好先赞赏几句,然后具体地提出建设性的批评意见,并提供改进的方法。同时不要在众人面前批评下属,也不要在一个下属面前说另一个下属的不是。

6. 勇于接受下属的批评

女性做事很容易主观化,别人一批评,容易不经考虑而立刻为自己所做的事情作出辩护,找借口说明自己是对的,特别是受到下属的批评时,更会因面子问题而拒绝接受。

殊不知，如果作为上司不能接受建设性的批评，你的下属便难以和你沟通，显然这对你是不利的。因此，当有下属向你提出批评时，你应该平心静气地听下属说完，分析之后，觉得下属说得对便要勇于承认自己的错误，这样的态度才会令下属敬佩你、信任你。同时，你的事业、人生才能走向成功。

社交箴言

对于女上司来讲，要为自己施展抱负肃清障碍，当务之急就是要设法在下属面前表现自己的能力，树立自己的权威，他们才会乐意接受你，并肃然景从你。

与男上司保持最佳距离

与男上司之间的距离也许是很多女性容易忽略的细节问题，但是对于一个女人来讲，这并不是一个小问题。

女性在办公室里与男上司或男同事相处时，要注意彼此间的距离，不应超越正常的同事关系，以避免闲言碎语和麻烦，要特别注意以下几种场合下的言谈举止。

1. 与上司保持正常的空间距离

心理学研究表明，在人际交往中，空间距离的不同，会产生不同的心理效应。正常的人际交往中，要保持一定的空间距离。

美国人类学家爱德华·霍尔将交流中彼此间的生理距离划分为四种类型：距离在 0~46cm 为亲密型，距离在 47cm~1.2m 属正常型，距离在 1.3~3m 为社会空间型，3.1m 以上的距离是普通型。

空间距离大小的变化，引起的细微变化不同。职业女性与男上司或男同事交往过程中，如果超越了正常的交往距离就会引起不当的心理刺激，心理不健康的人就容易产生非分之想，甚至做出越轨的行为。因此，职业女性要时刻注意与男上司和男同事保持一定的距离，避免出现"桃色事件"。

2. 最好不要单独与男上司在办公室谈工作

许多公司的董事长或总经理都有自己独立的办公室，给外人的印象是具有私人空间的地方。对女性来讲，如果男上司与你谈论工作上的事情，在进上司办公室之前，最好能拉一位同事前往，即使需要单独与上司谈话时，也要与同事打声招呼。这样不仅可以避免同事的猜疑，同时能在一定程度上打消男上司做坏事的企图。

3. 不要轻易到男上司家里去

家是一个私人的生活空间，并不是一个公共场所或工作场合。只有与上司的关系达到一定的程度，才有可能到对方家里去做客。女性到男上司的家中，往往就意味着彼此之间私人关系已经不一般了。否则，不要轻易到男上司家里去，以免引起麻烦。

4. 不要单独与男上司去娱乐场所

由于娱乐场所的气氛活跃，再加之浪漫的音乐、闪烁的霓虹灯，容易使人产生错觉，做出意外的举动。女性不适宜与男上司光顾这种场合，特别是与有家庭的男上司，不要人为给对方和自己犯错的机会。

5. 巧妙应对上司做媒

工作卖力，业绩突出的你深得上司的赏识，他一心一意要对你的终身大事负责任。一天,他高兴地对你说,他为你看好了一门亲事,只等你去相亲。

面对突如其来的"好事",你无所适从,不知怎样处理。如果一口拒绝,担心会影响与上司的关系,假如应约前往又与自己的初衷相背离。可以这样处理这类事情,首先要对上司的关心表示感谢,然后巧妙含蓄地说明自己的心思,不愿意使公事与私事相混。坚持这样说,相信上司也不好硬拉着你去。

社交箴言

女性要注意与男上司的交往,尽量避免私下单独与男上司接触。保持一个合适的距离,是职场女性保护自己、避免让自己陷入危险的一种重要手段。

第八章

借用榜样智慧,做不一样的女性

世界上有这样一些女性,她们或德高望重,或智慧过人,或富可敌国,或多才多艺,或仪态万方……她们犹如日月,光芒万丈,可以作为女性的楷模,永彪史册!

杰奎琳：社交力成就影响力

杰奎琳·肯尼迪·奥纳西斯，这个把优雅的法国时尚带进美国白宫的经典丽人，以其清新、文雅的高贵形象，当仁不让地成为20世纪70年代时尚界的临水照花人。

从她入住白宫成为肯尼迪夫人，到嫁给亚里士多德·奥纳西斯，再到成为一名编辑，她在每一个年代都留下了深深的印记，并以自己鲜明的性格特征和时尚风格，成为美国人眼中永远的第一夫人。

她的每一句话、每一个动作甚至每一件衣服都备受关注——杰姬风格的窈窕裤装、蓬松的黑色外翻短发，还有迷人的微笑，如今都成了知性、简约的时尚法则，成为全美国乃至整个西方世界女性效仿的对象，让全世界都为之着迷。

1929年7月28日，在美国纽约长岛东汉普顿一座英式庄园里，晚产6个星期、体重8磅的杰奎琳出生了。

聪慧的小杰奎琳早在蹒跚学步时就充分显示出了她的与众不同。她经常给人一种"顽皮姑娘和可爱公主的奇怪组合"

印象。和其他孩子在一起玩游戏的时候,她总是扮演女王或者公主,手里拿着一顶王冠,那是父亲为她买的礼物,而她的妹妹却只能充当她的侍女。

那个时候,杰奎琳的外表并不出众。她母亲常说她没有女人味,头发乱蓬蓬的,有一双大脚丫,肩膀太宽,瞳距过大,简直就是一个十足的"丑小鸭"!好在杰奎琳的父亲并不这么看,在父亲的眼里,女儿们简直无可挑剔!

杰奎琳牢牢记住了父亲的建议:"要吸引众人的注意力,你必须走到房间的中心位置,展露令人炫目的微笑,同时将你的下巴抬得高高的。"这种独特的姿势带来的风度不但弥补了杰奎琳先天的长相缺陷,还成就了日后光彩夺目的肯尼迪夫人。

杰奎琳13岁时,一直感情不和的父母离婚了,母亲改嫁,并带着她和妹妹住到了哈姆密尔斯庄园。在这里,杰奎琳度过了她一生中最美好的时光,不仅生活比以前稳定、轻松了许多,而且继父不论从何种意义上说都是称职的,不但有钱有势,而且慈祥和善。

1947年,杰奎琳18岁了。当时的美国上流社会在第二次世界大战之后,一直保持着一个成年"首进仪式",就是把成年的女儿介绍给社交界。

在继父的精心安排下,杰奎琳的正式"首进仪式"在历史悠久的克兰贝俱乐部举行。当晚,因为继父的声望,许多社交界的名流都来了。

杰奎琳挽着继父的手,站在门口迎接客人,表现出了大家闺秀的风范。她穿了一件雪白的薄纱连衣裙，领口横开到肩膀，露出天鹅一样光润挺拔的脖子，虽然一双眼睛在人群中慌乱羞涩地闪烁，却无法掩饰她那自然而然流露出的潇洒和活力，在晚会上她可谓艳压群芳、光彩照人、超凡脱俗！

在座的宾客无不目不转睛地随着她打转，母亲们惶惶不安，父亲们忍不住站了起来，他们的儿子们则兴奋得不得了，女孩们却在妒火中烧，赌着气准备退场……所有人都在想，是哪个细枝末节、哪种独到的格调使杰奎琳变得如此出众，如此引人注目？

而杰奎琳呢？她始终楚楚动人、仪态万千、风情万种。她妙语连珠、出语不凡、语惊四座。当有人恭维她，说她穿的礼服是那么别致、夺目时，她不禁莞尔：我是在纽约跳蚤市场买的，只花了50美元。

美国著名记者伊戈卡卡西尼在随后的一篇报道中把那个晚上的杰奎琳誉为"本年度新入社交场的皇后"！

当选"社交皇后"的杰奎琳被从天而降的荣誉唤醒了她那几乎处于沉睡状态的社交欲望。她兴奋不已：刚一成年，就被人称为"社交皇后"，那未来的灿烂似乎离自己不远了……

更让人高兴的是，杰奎琳在被冠以"社交皇后"美誉后不久，又在《时装》杂志社举办的第16届巴黎大奖赛征文比赛中力拔头筹，算得上是双喜临门！

一时间，杰奎琳声名大振，她的身边很快聚集了一大批追随者，有些人还专门从纽约赶来，想一睹"社交皇后"的风采。

但是，知性的杰奎琳并没有因此迷失自己的方向，她始终没有放弃自己的阅读兴趣，从莎士比亚、威廉，到巴特勒、叶芝、萨特，甚至是迪派克、乔浦勒的作品……她都一一拜读。

她是那么喜欢看书，如果选择另一种生活道路的话，她说不定会成为一个成功的作家。

1951年冬天，大学毕业的杰奎琳来到《华盛顿先驱时报》工作。不久，她在《查塔努加时报》驻华盛顿记者查尔斯举行的晚宴上邂逅了约翰·肯尼迪，并从此开始了二人之间的甜蜜约会。1953年9月12日，24岁的杰奎琳嫁给了比自己大12岁的白马王子。

当杰奎琳31岁时，她的丈夫肯尼迪当选为美国历史上最年轻的总统，而她美丽的形象更是为肯尼迪赢得了不少选票。带着3岁的女儿和刚出生的儿子，这对年轻夫妇搬入了美国最高权力的象征——白宫。

杰奎琳的魅力是如此鲜明、充满智慧和富有创造性。时至今日，她依然存在于人们的心中——一个集美丽、才华和胆识于一身的旷世奇女子，她永远站在时尚的潮流之巅，勇敢地追求自由、美丽和幸福，并以迷人的风姿征服了全世界！

社交箴言

一个没有良好人际关系的女人，即使有知识、有技能，恐怕也得不到施展的空间。所以，聪明的女人一定要从现在开始，积极构建、拓展自己的人际关系，使自己离事业的成功更进一步。

特蕾莎：把爱心当作永恒的财富

哪儿有爱，哪儿就有财富和成功。在现实中，也许你并不富裕，也还没有实现成功的愿望，但无论何时何地，我们只要怀有一颗真正的爱心，就能像磁铁一样，吸引到有用的资源、美好的事物以及幸福的生活。

1910年8月27日，一名女婴诞生在南斯拉夫境内的一个阿尔巴尼亚族农家，她的父母为其取名为艾格妮丝·巩霞·博杰舒。当时的人们不会想到，这名女婴日后会成长为被人们称为"穷人之母"的特蕾莎修女。

特蕾莎的母亲是一位虔诚的天主教教徒，她经常慷慨地款待贫民，并在饭桌上称呼他们为客人及亲戚。

等到特蕾莎稍大一点的时候才发现这些人并非亲友，而是生活艰苦的贫民。

一天，一个可怜的老妇人上门乞讨，特蕾莎的母亲竟毫不犹豫地将准备晚餐的几个便士全部赠给了这个可怜的老人。

当时,特蕾莎极其不理解,她站在门旁边用惊讶的眼神看着母亲,喃喃地说:"我们今晚吃什么啊?"

母亲抚摩着特蕾莎的头说:"孩子,我们一次不吃晚饭没有关系,可是这个可怜的女人,如果再拿不到一个便士,就有可能在这个饥寒交迫的夜里死掉。好孩子,你一定要记住,人要用一颗博大而真诚的爱心去帮助别人,那他会得到快乐和心中的安宁。"

在母亲的熏陶下,特蕾莎也在成长的过程中,渐渐学会把爱心的种子播撒进更多人的心田,这决定了她被称为"活圣人"的一生。

在特蕾莎高中毕业那一年,有一天,教区的神父来到她家里,为劳莱德修道院的修女们前往印度加尔各答布道而募捐,顺便给特蕾莎讲起修女们在印度布道的种种情形。

与神父的这次长谈,点燃了特蕾莎长久积蓄在心中的意念:"一定要到印度去,为那里的穷人做点事。"

当特蕾莎向父母表明了自己的决定后,不仅得到了父母的同意,还得到了劳莱德修道院院长的支持。不久,特蕾莎就被送到印度孟加拉传教区(加尔各答)的罗列特修道院学习,随后被派到印度大吉岭受训。那一年,她刚满18岁。

结业后,特蕾莎来到印度加尔各答圣玛利亚修道院的学校教书。这是一所贵族学校，学生皆来自孟加拉的上流阶层。但是，在贵族学校之外是世界上出了名的加尔各答要多脏有多脏的贫民窟，以至于加尔各答被印度总理尼赫鲁称为"噩梦之城"。

对于在女子学校和修道院高墙内过着优雅的欧式生活的特蕾莎来说，周围那个凄惨破败、可怕肮脏的环境，那些瘦骨嶙峋、皮肤黝黑、衣不蔽体、臭气熏人的乞丐、孤儿、老弱、病人和穷汉，不仅不应该遭到漠视，反而必须得到帮助；不但应该得到帮助，而且是值得去爱的人！

于是，特蕾莎毅然放弃了既舒适又稳妥的修道院生活，来到这个最破烂的贫民窟，用自己仅有的几卢比租下一间房子，成立了"仁爱传教修女会"，用以接待贫民窟里饥寒交迫的孩童。

在这个小屋里，没有桌子、椅子，也没有黑板，她以地板为黑板，教孩子们一些孟加拉字母。她还到街上给乞丐送药，帮助他们清洗身体。

有一次，她看见街上躺着一个奄奄一息的病人，她焦急地四处求告，敲遍医院、诊所的大门，竟无一人理会，最后好不容易求到一点药品，回来时却发现那人已经离世。

另有一回，她看到一个垃圾桶里有个老妇人在痛苦地挣扎并呻吟着。老妇人浑身爬满了蚂蚁和老鼠，头上被老鼠咬伤了，伤口处布满了蠕动的蛆和虱子，特蕾莎不顾一切地抱起这个老妇人直奔医院。

这件事对特蕾莎触动很大,联想到每天早晨都有人推着车子像清理垃圾一样在街道上收集那些贫苦人的尸体,她沉痛地感叹:"狗与猫都过得比人好,人为何如此卑贱地走向死亡呢?"

为了让那些孤苦无依者有个面对死亡的安静之所,让他们感到自己有尊严、感到自己被人爱,特蕾莎先后创办了"临终者之家""弃婴之家""麻风病患者之家"以及艾滋病患者收容所。

特蕾莎所做的这些,深深地感动着全世界的人们,就连世界上最有钱的公司都乐意捐款给她。有一位老人临死前拉着特蕾莎的手低声说:"我一生活得像条狗,而我现在死得像个人,谢谢你,修女。"

特蕾莎无私地帮助这些贫困的人,自己却一直过着清贫简朴的生活:她住的地方,唯一的电器是一部电话;她一共只有三套衣服,不穿袜子,只穿凉鞋;没有燃料做饭时,还吃过生小麦……

不仅如此,特蕾莎还要求手下的人心甘情愿地为受苦的人服务,而不要操心金钱问题。她常对周围的人说:"为了帮助那些一无所有的人,我们必须像他们那样生活。唯一的区别在于,那些人生来就是穷人,而我们的贫穷则是出于自己的选择。"

有一年圣诞节,因为没有足够的披肩供修女们做午夜弥撒时用,结果,那些没有披肩的修女不得不披着床单去教堂。

靠着这种爱心,也仅是靠着这种爱心,为穷人奉献了一生的特蕾莎修女有了成千上万的追随者,受到总统、国王和企业巨子的仰慕和爱戴。1979年,诺贝尔委员会将诺贝尔和平奖授予这位除了爱心一无所有的修女,并在授奖时这样赞美她:"她个人成功地弥合了富国与穷国之间的鸿沟。"

虽然特蕾莎在物质上一无所有,但她是全世界最富有之人,因为她拥有了人生中最宝贵的精神财富——爱心!凭着爱心,她为自己赢得了多少黄金也换不来的东西——成千上万的追随者以及崇高的荣誉和奖项。

更为重要的是,特蕾莎的"爱心"还使自己的生命获得了永生——时至今日,人们依然传颂着她的名字。

社交箴言

女性本善,不要让这种善良泯灭,与人为善,生活才会充满令人心动的情感色彩,生命才得以在别人的感激和赞美中绽放恒久不灭的光辉。

赫本：幽默，是女子最得体的外交辞令

一个爱笑的人，一定是一个和善的人，但他不一定受人欢迎。而一个善于制造笑声的人，则一定是一个受人欢迎和喜爱的人；反之，也可以说："一个受欢迎和喜爱的人，也一定是一个善于制造笑声的人。"

奥黛丽·赫本无疑是这样的人。

从世人知道奥黛丽这个人那一天起，她就受到所有人的喜爱，她所到之处，影迷们聚到一起，人山人海，只为表达对她的热烈欢迎。而奥黛丽也没有让人失望，她爱笑，更善于制造笑声。只不过奥黛丽性格安静内向，所以给陌生人的印象是言辞简洁，只有与她在一起工作过的人员才有机会看到奥黛丽的这一优点。

在《偷龙转凤》这部影片中，妮可机智幽默，给人留下很深的印象。奥黛丽之所以能把聪明幽默的妮可演得如此生动，是因为她本人就是一个很幽默的人。

在拍摄这部影片时，她和男主角彼得·奥图尔有一场躲

在阴暗狭小的储物室的戏,这场戏码一共花了 11 天才完成。他们两人是第一次合作,之前还是陌生人,因此在那个狭小的空间里,两个人很尴尬。不过,奥黛丽用自己的幽默化解了这种尴尬,两个人合作得相当愉快。不仅如此,两个人的欢笑声还传染给剧组的工作人员,因此威廉·惠勒说:"这是最轻松愉快的一次拍摄之旅。因为有奥黛丽和彼得出现的地方,总是充满了笑声。"

奥黛丽的幽默是那种深刻的幽默,这种幽默与肤浅的幽默不同,它不造作,也不刻意,却能在无形之中驱散阴郁和压力。

1962 年 7 月,有个小偷趁奥黛丽和梅尔·费勒夫妻二人在巴黎拍摄电影《巴黎假期》之时,撬开她远在瑞士的家门,偷走了奥黛丽的一些珠宝、奥斯卡奖杯和一幅名画。虽然警察努力追查,却最终没有查到小偷的下落,只在奥黛丽家附近的树林里找到了奥黛丽的奥斯卡奖杯。

面对这样的结果,奥黛丽没有指责警察的不力,只是笑着说:"小偷一定是发现全瑞士的黑市都没有可以销赃的地方,所以才把它扔到那里。"她的宽容式幽默逗得大家开怀一笑,也无形中为办这个案子的瑞士警察减轻不少压力。

奥黛丽的幽默感是天生就有的,有时候,她随口说出一句话,就会让人感觉到轻松和快乐。在拍摄《二人同路》时,有一个镜头是她和芬尼开的旧汽车因汽油泄漏而引发火灾,心慌意乱的芬尼提起一桶水浇到火上,谁知火势不灭反涨,奥黛丽大声喊:"哦,它喜欢水。"在场的工作人员愣了一下,随后都哈哈大笑起来。因为这本是剧本中没有的台词,却与当时的场景完全融合,要描述当时那个火势,没有比这句话更贴切的了。

我们经常可以看到这样的视频:一只仓鼠看到一盘子萝卜,会一口气全塞进嘴里、两只哈士奇狗陪着小主人学爬行……动物们的举动总是惹人发笑。而在众多的幽默模式中,最轻松的幽默莫过于拿动物作为笑料。

奥黛丽也擅长拿动物作为笑料,那是一种专属于她自己的自嘲式幽默。

那是在拍摄《战争与和平》时,演员们需要在酷热的夏季穿上皮棉服来拍摄冬季的镜头。穿着厚厚皮草的演员被大太阳晒得昏昏沉沉,到最后,奥黛丽骑的马儿终于禁不住酷暑,晕倒在地。工作人员迅速把奥黛丽从地上扶起来,并夸她和马一样强壮。谁知奥黛丽却笑着说:"其实我比马儿要强壮得多,因为我没有倒下,马儿却晕倒在地。"

奥黛丽这种自嘲式的幽默话语引得众人哈哈大笑,大家忘记了酷热,整个现场的气氛都十分轻松。而此时的奥黛丽因为刚刚流产,身体极度虚弱,酷爱孩子的她无法接受失去孩子的打击,心情极其郁闷和低落,但是她没有被这种情绪困扰,而是用幽默轻松的言辞将快乐传播给他人。

在赫本的幽默模式中,最难能可贵的是充满童趣的幽默。这是不掺杂一点世俗气息的幽默。在她主演的音乐剧《甜姐儿》中，有一个场景：她和饰演迪克的弗雷德·阿斯泰尔在巴黎的一个小岛上翩翩起舞，绿色的草地、清澈的河水、耀眼的阳光和曼妙的舞步，构成一幅让人沉醉的画面。奥黛丽从小就梦想着与舞蹈大师阿斯泰尔共舞一曲，所以她一直盼望着拍摄这组镜头。

事实上，当他们赶到巴黎拍摄这组镜头时，巴黎一直在下雨。眼看规定的时间就要到了，天空依然没有放晴。导演多南决定即使下着雨也必须开拍。多南的决定让每个人都很紧张，他们不知道下雨拍摄出来的效果会如何。这时，就听奥黛丽像个孩子似的嚷道："我盼了二十年要跟弗雷德·阿斯泰尔跳一场舞，可是换来了什么，一身泥泞！"她的一句话让本来紧张的人们瞬间轻松起来。

物理学家理查德·费曼和奥黛丽一样拥有可贵的童趣幽默。上学时，他夜里悄悄地把同学宿舍的门拆下并藏起来，第二天，当同学因为找不到门而像无头苍蝇般四处乱转时，费曼装出很无辜、很委屈的样子，其实心中已经笑翻了天；去餐厅时，他把小费放进装满水的玻璃杯，用卡片紧紧覆盖在杯子上，然后把杯子翻过来放在桌上后将卡片抽走，服务员取杯子时水流了一桌子，看着气愤的服务员，他像个孩子般哈哈大笑。但二者不同的是，理查德·费曼的幽默让自己的生活充满了乐趣，而奥黛丽·赫本的幽默让她身边的人一起快乐。

赫本式的幽默感中，有一种叫坚强。奥黛丽在拍摄《恩怨情天》时，曾遭遇了一次危险。当时她正骑在马背上准备往前跑，突然，一个工作人员从旁边冲出来拦在马前，马儿受惊，前蹄猛地抬了起来，没有防备的奥黛丽从马背上摔了下来。

当时她还怀着孕，因此她很担心自己会流产，而人们却都担心比流产更可怕的事情，那就是她会瘫痪。看着大家忧心忡忡的样子，奥黛丽笑着说："我一定会在片子完成之前再骑那匹马。"这一次，她的幽默不但没能逗人发笑，反而好多人都忍不住眼眶潮湿，为她幽默背后的坚强所感动。

奥黛丽的幽默中极富有哲理。在孩子的成长过程中，奥黛丽经常使用这种哲理性幽默，对孩子进行教育。有一次，她的儿子肖恩和奥黛丽谈论起他喜欢的一个女孩。令肖恩苦恼的是，他喜欢的女孩更喜欢另一个男生。他很烦恼，于是求助母亲，希望能得到一些帮助。奥黛丽静静地听儿子说完了整个故事，思考了一会儿后对儿子说："你最好把精力放在学习上，因为如果你没有通过考试，那么你很可能要遭受两次打击。"

人生有所建树的人身上都具有幽默的特点，但能像奥黛丽·赫本这样集多重幽默模式于一身的人还真不多。如果女性朋友能学会像奥黛丽那样运用各式各样的幽默，那么可以称为幽默大师了。

社交箴言

从本质上看,幽默不仅是一种说话技巧,也是一种生活态度,是一个人智慧和素养的体现。懂得幽默的人,更容易获得别人的青睐和信任,更易获得好人缘。所以,不妨学学幽默,试试用幽默对待生活中不如意的事。

莉莲：要学会与不同的人交往

每个人都处在错综复杂的人际关系网络中，虽然对于很多人而言，大部分时间花在学习上，人际关系和社会背景相比要单纯得多，但即使如此，我们在处理人际关系时依然存在很多误区。比如，有些人在与自己比较熟悉的人交往时表现得很自如，但与不太熟悉的人交往时往往很被动、拘谨、畏缩，不知该如何与他们相处。

也有些人只跟与自己志趣、性格投合的人相处融洽，或只跟与自己志趣相投的人交往，对自己不喜欢或者不想交往的人就不予理会。

这样做的结果不仅会使我们失去取长补短的好机会，还会导致人际交往受挫或交际范围狭窄。因此，每个人都应该学会和不同的人相处，因为这样才能真正处理好与他人的关系，并拥有完善的人际关系网。

莉莲·梅那斯切·弗农于1928年3月18日出生于德

国莱布切格,是中上阶层实业家海曼·梅那斯切的长女,莉莲原本有个哥哥弗雷德,在少年时不幸去世。

小时候的莉莲是个非常忧郁孤独的小姑娘,她非常腼腆,很少和人交往,总是一个人默默地待在屋里做自己喜欢做的事。

莉莲羡慕那些漂亮的明星,常常一个人对着好莱坞黄金时代画报上的女明星出神,还经常幻想出一些可以跟自己说话的人物,她跟他们谈心,他们照她希望的那样来回答她的问题。

莉莲5岁时,反犹太主义的风潮在德国高涨,为避免受伤害,他们全家逃到了荷兰;5年之后,当纳粹的铁蹄踏遍欧洲大陆时,他们全家不得不逃往美国。

在逃难中,大家吃着涂有猪油和咸盐的黑面包充饥。当小莉莲看到携家带口的逃难人群,目睹横尸遍野的街巷时,无数悲剧的影像冲击着她幼小的心灵。

这种颠沛流离的日子是伤心的经历,但生活的动荡不安,使小莉莲的眼界比同龄人开阔许多。为了适应新环境,莉莲不得不学习新文化和新语言,交新朋友,这在一定程度上也淡化了她原本十分内向、腼腆的性格,更使她练就了应对未知世界的非凡能力。这对她日后的人生是非常关键的。

由于生活越发贫困,莉莲没有机会得到良好的教育,她继承了父亲欧洲式的工作狂精神,少年时便开始工作。

她做过许多不同的工作,第一份工作是在电影院当售票员,当时她仅有14岁,每小时能赚10美分。随后莉莲又到贝顿糖果店当营业员。

这些工作都要与公众交往,所以莉莲不得不克服怕羞的心理,变得外向化,在这个过程中,莉莲渐渐学会了如何应对各种各样的人。

莉莲后来说这一经历对自己以后成为企业家极有益处:"我那时候认识到,能够从事与各种人交往的工作应该是种开心愉快的经历。"

1946年,莉莲进入纽约大学攻读心理学。毕业后,她开了一家做邮订购物业务的公司。

公司成立伊始,莉莲就用2000美元投资于购买最初的一批钱夹和标有人名的腰带,并花了495美元在《十七》杂志上登广告。

当时莉莲的公司面临着最强劲的对手——美国最大的商品目录册零售商西尔斯公司。当时西尔斯公司也在销售标有人名的腰带。而莉莲的公司在没有强大经济支撑的情况下,如果要将新产品推向市场,将会冒很大的风险。

由于莉莲早年从事过与各种人交往的工作,这使得她对顾客的内心世界有很好的洞悉力,她很强烈地感觉到人们更需要哪些产品和服务。她相信自己的感觉,于是她决定按照自己内心的想法去做,而不惧与西尔斯公司抗衡。

莉莲的洞悉力使她一举成功，在最初的12周内公司就收到了32000美元的订货额。初战告捷，让莉莲的信心大增。接下来，公司频频推出新产品，并大多数获得成功，莉莲也由此迎来了自己的高光时刻。

莉莲通过社会的磨炼，克服了怕羞的心理，变得外向化，敢于与各种各样的人打交道，更培养了过人的洞悉力。凭着敏锐的洞悉力，在错综复杂的市场环境中，莉莲最终找到了自己和公司的准确定位，取得了人生的成功。

社交箴言

身处一个需要合作的时代，就要摒弃不好意思的陈旧观念，要积极主动地和各种各样的人打交道，不断完善自己的能力，为将来的发展打下坚实基础。

撒切尔：绽放独立自主的人格魅力

歌德曾说："谁不能主宰自己，谁就永远是一个奴隶。"我们只有从小就具备独立自主的人格，才不会成为自身软弱的奴隶，也不会成为客观逆境的奴隶，更不会成为他人意志的奴隶，从而为自己奠定终身立足之本。

学会独立面对生活，自主面对社会，这其实是我们每一个人在成长过程中都必须面对的课程。当一个女孩子从依赖走向独立的时候，她的处事态度往往会发生巨大的改变。

没有独立自主意识的女孩总是胆小怕事，一旦遇到困难，就会诚惶诚恐、惊慌失措，心中反复地问自己"我行吗"，总是在多方求助之后，才在他人的帮助下解决问题。所以，我们必须从小就努力培养自己具备独立自主的人格，在人生的旅程中堂堂正正地做人、潇潇洒洒地做事，而不是低三下四地依赖人。只有这样，我们才有可能在未来的生活中有所作为，不被历史的潮流淘汰。

玛格丽特·撒切尔，是一个出身平民的女子，却成为英国历史上第一位女首相，而且连续三次当选。她在重大国际、国内问题上始终保持着思路清晰、观点鲜明、立场强硬、做事果断的作风，在相当长的一段时期里影响了整个英国乃至欧洲，被誉为政坛"铁娘子"。

然而，玛格丽特·撒切尔绝非政治天才，她的性格、气质、兴趣等都深受父亲的影响，她的成就在很大程度上源于父亲从小就对她培养起来的独立自主的人格力量！

玛格丽特的父亲年轻时虽然只是一家小杂货店的店主，却拥有非凡的见识和卓越的才能。玛格丽特5岁生日那天，父亲语重心长地对她说："孩子，你要记住，凡事要有自己的主见，用自己的大脑来判断事物的是非，千万不要盲目迎合他人。这是爸爸赠给你的人生箴言，也是爸爸送给你的最重要的生日礼物，它比那些漂亮衣服和玩具对你有用得多！"

从此，父亲刻意把玛格丽特培养成为一个坚强独立的孩子，下定决心要塑造她"严谨、准确、注重细节、对正确与错误严格区分"的独立人格。

玛格丽特虽然一时间未能完全理解父亲的良苦用心，但已经逐渐地将独立自主的意识深植心中，并不断地付诸自己的言行。

玛格丽特的家教是很严格的，从小母亲就教她正确熨烫衬衫的方法，还教她不损害刺绣的熨烫方法。从正确的洗衣方法到家庭理财，玛格丽特学习了各种家务，小小年纪干起家务事来井井有条。父亲还经常安排她在店里做一些力所能及的事情，借此培养她的独立能力。有时分给玛格丽特的活是把袋装或箱装的茶、糖或饼干分装成一磅或两磅装的小袋；有时让她在杂货店站柜台。玛格丽特干起活来从未感到厌烦，经常觉得很愉快，只要店里忙，她就会随时帮忙。

后来，随着年龄的增长，玛格丽特进入了学校。她发现，同学们有着比自己更为自由和丰富的生活，劳动、学习和礼拜之外的天地竟然如此广阔而多彩：可以与朋友一起在街上游玩；可以做游戏、骑自行车，还可以去春意盎然的山坡上野餐，一切都是那么诱人、那么令人愉快。

年幼的玛格丽特心里痒痒的，她幻想自己也能有机会和同学们自由自在地玩耍。一天，她终于鼓起勇气跟充满威严感的父亲说："爸爸，我也想去玩。"

父亲脸色一沉："你必须有自己的主见！不能因为你的朋友在做某件事情，你就也得去做。你要自己决定你该怎么办，不要随波逐流。"

玛格丽特没有说话，父亲缓和了语气，继续劝导："孩子，不是爸爸限制你的自由，而是你应该有自己的判断力，有自己的思想。现在是你学习知识的大好时光，如果你想和一般人一样沉迷于游乐，那么一定会一事无成。我相信你有自己的判断力，你自己作决定吧。"

听完父亲的话，玛格丽特再也不吱声了，父亲的一席话深深地印在了她的脑海里。她想：是啊，为什么我要学别人呢？我有很多自己的事要做呢，刚买回来的书我还没看完呢。

从父亲利用一切机会的教育里，玛格丽特逐渐明白，特立独行、与众不同最能显示一个人的个性，这不是负担而是财富，是值得赞赏的品格，而随波逐流只能使个性的光辉淹没在平庸之中。

在父亲的教诲下，玛格丽特独立自主的人格精神表现得更为鲜明。许多同学对她这种突出的个性表示不理解，但她对别人的议论也毫不在意，一直保持着独立自主、我行我素的品格特征。

后来父亲当选为市议员和高级参议员，常在家中谈论或处理公务。玛格丽特虽然是个女孩，但在耳濡目染下也关心起政治来。她对小镇上的一些事情都有自己的看法。

独立、自主、坚持己见的观念在玛格丽特的童年和少年时期就这样灌输进了她幼小的头脑中，这不仅培养了她高度的自信心，还使她常常产生一种心理优越感。不管当时她的感受如何，但是在长大后的她看来，这种"固执己见"对她的事业和生活起到了非常好的作用。

后来玛格丽特进入政坛。她在政治上所面临的是一个从未被女人统治过的男人的世界，是一个女人必须在男人主宰的世界里学会生存的陌生领地,她必须在新的"不同的"环境中行事,而这时她骨子里的那种独立自主的精神便发挥了重要的主导作用。

玛格丽特不管做什么事,都有自己的主见,不人云亦云,不随大流,更不会因别人持有不同意见或得不到别人的支持而改变自己的信念。这一切最终奠定了她与众不同的政坛地位。

对任何人来说,独立自主是生存的需要,他人的帮助只能是暂时的,特别是对于那些在很多人眼里是"弱者"的女性而言,当她们步入社会后,更应该进一步地独立起来,拥有更多的自我意识,而不能永远躲在避风港里,甘做温室里的花朵。要学会独立自主,用自己的思想、智慧、勤劳来创造自己的幸福人生,成就自己伟大的未来!

社交箴言

具备独立自主精神的女性果断而沉着,凡事有主见,不会因为一点点小事而犹豫不决,不会轻易屈从于他人的意见,而是把这些意见作为参考,然后凭借自己的判断去处理事情。

戴安娜：同情心是女人的撒手锏

女性朋友，即使你的身躯娇弱，即使你手无寸铁，一旦你拥有和播撒你的真诚和同情心，那么你的形象就会光彩照人，你的力量就会征服一切。

英国的戴安娜王妃就是这样一位用同情心征服世界的女人。她经常带孩子们到普通人中间，让他们了解民间疾苦，培养他们的爱心。她还多次带他们去无家可归者聚集的旅馆访问，去医院探访艾滋病患者和其他伤病员，要他们学会关心人、爱护人。

戴安娜将自己更多的精力投于慈善事业中。在她的一生中，她共参与了150个慈善项目，她是20多个慈善机构的赞助人。她曾表示，希望自己成为英国人心目中的"爱心皇后"，这不仅为她赢得了英国民众的爱戴，也让她得到了国际社会的认同，"公益大使""爱心大使""国际和平大使"等头衔纷纷戴在了她的头上。

戴安娜这种对公益慈善事业的热心，绝对不是贵族名人都有的善行。对她来说，乐于助人是天性。早在少女时代，她对老人、儿童的善心就已有口皆碑，她还因为对学校和社区服务的突出贡献，被学校授予克莱克·劳伦斯小姐奖。

类似这样的爱心举动，即使在戴安娜成为王妃之后，也始终不曾放弃。每年，戴安娜都要参加200多项官方活动。她真诚地去关爱那些常人也不愿接近的乞丐、病人、残疾人，并且尽量长时间地与他们交谈；她为那些无家可归者详细地抄写救济院的名称和地址，给他们一些实实在在的帮助：她在津巴布韦为难民分发食品，在萨拉热窝访问因战争致残的儿童。

戴安娜像一位落入凡间的爱心天使，虽然头顶一座尊贵无比的英国王妃桂冠，但是，她永远是那么平易近人，为人所喜爱。她以她独特的身份和影响力，致力于改善那些处在水深火热之中的人民的命运。她每到一地，都会引起世人对这一地区存在问题的关注。

戴安娜是第一个站出来向全世界发出同情艾滋病患者的国际名人。1991年7月的一天，当时的美国总统夫人芭芭拉·布什与戴安娜一同探访一家医院的艾滋病病房。在与一位病得已经起不来的患者聊天时，戴安娜给了对方一个大大的拥抱，患者禁不住流下热泪，总统夫人和其他在场的人都被深深地打动。

戴安娜说过，艾滋病患者更需要温暖的拥抱，她身体力行，实践了自己的诺言。1991年长达5个月的时间里，她一直不为人知地帮忙照顾艾滋病患者艾瑞·杰克逊。艾瑞精力充沛，极富魅力，是英国芭蕾、歌剧等艺术领域的杰出人物。20世纪80年代中期，他被检查出患上了艾滋病，HIV呈阳性。

1987年4月，艾瑞病情恶化，他整日蜗居于自己的公寓中，女友安吉拉一直在他身边照顾。从那时起，戴安娜就常常前来探望，与安吉拉携手照顾她们共同的朋友。

戴安娜总是给艾瑞带来一束鲜花或者其他小礼物，娓娓说起她今天又做了些什么。艾瑞当然能够感觉到，戴安娜绝非蜻蜓点水似的走过场，她带来的欢笑、理解和深深的关怀是那样真真切切，感人肺腑。

安吉拉眼中的戴安娜"美丽得远远超出美丽的简单定义，虽然自身生活不幸福的阴影萦绕着她，但她丰富的内心世界却迸射出夺目的光芒"。

"她绝不是一个华而不实、散发着香味的装饰品。有她在，总是那么快乐，一种理解痛苦的快乐。"一个目睹戴安娜陪伴在即将辞世的艾瑞身旁直至其去世的护士这么评价她。因为懂得，所以爱！

在戴安娜生命中的最后几年，她成为一名反地雷机构的支持者，她参加了许多重大的、值得纪念的清理地雷现场的活动。

1997年1月,她参加了国际红十字会组织的非洲安哥拉之旅,亲自踏进地雷区视察,冒险探访了被地雷炸断脚的伤者、伤残人士组织和康复专家。以往戴安娜出访都会有大批随从,可是这一次她只带了两名随从。

同年8月,她又出访了波斯尼亚。虽然当时波斯尼亚的内战已经结束,但那里仍有不少潜在的危险。当戴安娜身着防护服走在插有骷髅标记的地雷区旁的小路上时,人们为之动容。

在她的感召下,安哥拉及波斯尼亚等战乱地区的人因误触地雷而导致伤残的新闻,从此跃上国际新闻媒体,世界大多数国家由此签署了关于禁用地雷的国际协议。

戴安娜对慈善事业的热情和对民众疾苦的深切关怀,使她赢得了"和平王妃"的尊称。英国首相布莱尔更是称戴安娜是"人民的王妃"。布莱尔说,戴安娜的个人生活经常遭遇麻烦和苦恼,然而她给社会中那些需要帮助的人带来的却是欢乐和安慰。

社交箴言

作为女人,你大可不必为自己拙于言辞、不谙世事而苦恼,只要你拥有一颗同情心,你就有了说话办事的"撒手锏",那也是一把征服世界的"撒手锏"。